LA BARBE
ET
LA ROSE

DU MÊME AUTEUR

Romans

LES PAROISSIENS (Gallimard).
LA PITIÉ DE DIEU. *Prix Goncourt* (Gallimard).
LE MEURTRE D'UN ENFANT (Gallimard).
LE SPECTRE DE L'AMOUR (Gallimard).
LES ENTRAILLLES DU TAUREAU (Gallimard).
LES OTAGES (Gallimard).
UNE NUIT À SAINT-GERMAIN-DES-PRÉS (Julliard).
LE GRAND SOLEIL (Julliard).

Nouvelles

LES ENFANTS (Gallimard).

Chronique

LES OREILLES ET LA QUEUE (Gallimard).

Essais et pamphlets

UN TESTAMENT DE STALINE (Fasquelle).
L'AGONIE DE LA VIEILLE (La Table Ronde).
LE PAPE EST MORT (La Table Ronde).
LES ÉCURIES DE L'OCCIDENT (La Table Ronde).
LA GRANDE PROSTITUÉE (La Table Ronde).
POURQUOI LA FRANCE? (La Table Ronde).
LE CHEVALIER, LA MORT ET LE DIABLE (La Table Ronde).
RÉFLEXIONS DURES POUR UNE ÉPOQUE MOLLE (La Table Ronde).
LETTRE OUVERTE AUX TÊTES DE CHIENS OCCIDENTAUX (Albin Michel).
LETTRE OUVERTE À TOUT LE MONDE (Albin Michel).
DISCOURS DE LA DÉCADENCE (Copernic).
UNE PASSION POUR CHE GUEVARA (Julliard).

Soties

LE COUP DE BARRE (Gallimard).
LE TOUR D'UN MONDE (Gallimard).
TROPICANAS (Gallimard).

Théâtre

LES PARACHUTISTES ET LE MAÎTRE DU MONDE (Gallimard).
LES YEUX CREVÉS (Gallimard).
QUI A PEUR DE VIRGINIA WOOLF ? *Adaptation de l'ouvrage d'E. Albee* (Robert Laffont).

JEAN CAU

LA BARBE
ET
LA ROSE

Collection
PLACE PUBLIQUE

LA TABLE RONDE
40, rue du Bac, Paris 7e

Depuis le 10 mai 1981, le serpent socialiste qui rampait sur la France s'est dressé sur sa queue.

Depuis le 10 mai 1981, la taupe socialiste qui multipliait les tumulus et les tunnels de sape dans le jardin français, folâtre à l'air libre.

Avant d'être tragique, cette situation est vulgaire car tout nous avait été annoncé, par notre maître Zarathoustra, sauf que « le dernier homme » serait incarné par l'enseignant-député à la barbe taillée.

C'est des représentants de cette espèce, produits de notre dégénérescence, que je viens, sur ces feuillets, entretenir quelques lecteurs naufragés.

Rien n'est en effet plus urgent que de dénoncer avec quelle vulgarité barbue la France est désormais gouvernée. Rien.

Politique, économie, culture, tout est second par rapport à ce péril premier : la France est affublée d'un mince et méchant collier de barbe.

D'autres que moi, je l'espère, dans le dos des enseignants-députés au pouvoir, feront chuter le franc, mineront l'économie, gonfleront le chômage, ridiculiseront le socialisme français à l'extérieur et trousseront les discours politiques de l'opposition jusqu'à ce que s'écroule « l'expérience » et que se suicide M. Mitterrand, que j'appelle ici remarquablement La Mitte.

À ma place, à ma table, j'ai cru devoir courir au plus pressé en signalant que le danger qui nous menace de mort est barbu. Pis encore : cette barbe est taillée. Et enseignante pour que l'abominable soit atteint.

D'autres que moi, dans les années à venir, plus savamment et plus profondément, analyseront les conséquences de ce désastre. Je n'ai voulu, sur cette mince tablette, que pousser le premier et faible cri d'une alarme qui, si le destin, point trop dégoûté, aime encore la France, deviendra clameur.

En attendant, contre le socialisme et la barbe, dégainons les plus vives lames : des mots.

Que si, désormais et pour une durée mystérieuse, nous voilà plongés dans le socialisme, je ne vois d'autre recours qu'en sa négation exquise au niveau précieux de nos personnes rendues impénétrables à ses grossièretés. Préciosité qui n'ira pas sans un certain ridicule mais, c'est ainsi, quand tout sera gris, nous ne saurions arborer d'autre vêture qu'un frac rose et des chemises aux bouffonnants crevés. À toute sottise répandue par Demos, nous opposerons une désuète élégance. J'espère que les enfants des travailleurs et démocrates nous montreront du doigt et nous suivront dans la rue en nous lançant de vulgaires quolibets appris en famille et innocemment répétés.

Ils n'oseront pas aller jusqu'à la lapidation car nous ne hâterons pas notre pas.

Jamais. Nous marcherons posément et même, s'il nous plaît et par défi, nous ondulerons des hanches pour bien marquer que le pas socialiste, si lourd, n'est pas de notre goût. Nous flotterons, nous danserons sur le sol désormais épais de l'Histoire. Des elfes nous serons, qui pincent la cithare et rêvent de sofas où dorment des lévriers pendant que les masses, place de la Chose publique, godilleront des javas au son de l'accordéon et de son frère horrible : le piston.

*

Nous allons être rares. Je propose que nous nous haussions sur socques et échasses pour dominer le troupeau. Voici les bergers de l'insolence ! Ils se nourrissent d'ortolans. Ou de pain bis. Point de mesure. Ils boivent le champagne ou l'eau du robinet. Point de mesure. Ils proclament, ô Nathanaël, leur mépris pour les nourritures socialistes qui font que la plèbe émet des vents navrants. Je nous souhaite, face à la graisse subventionnée, des maigreurs d'hidalgos.

Or, plus le socialisme jettera ses pelletées de terre sur nos tombes et plus nous creuserons de souterrains pour ressortir, uniques, à un autre jour. « Quoi ! Vous n'êtes pas socialiste ? » Le ciel nous en garde. Non, moutons, nous ne le sommes point. Nous avons en horreur les sueurs mêlées de la foule. Nous ne l'aimons pas parce que nous savons trop ce que nous y devenons et nous préférons être les folles du singulier tant nous écœurent vos pluriels. Pour nos bains, des robinets en or et que coule le lait d'ânesse !

*

Or, voyez-vous, que votre pouvoir soit infini cela n'aura guère d'importance car vous ne pourrez nous ôter celui qui nous fera bâtir, par haine de votre béton social, les grottes de cristal de notre imaginaire. Une plume et un papier, et nous construirons d'indestructibles monuments dallés de porphyre et à la surface non corrigible qui échappe à vos féroces impôts. Nous en serons les rois qui jamais n'adhéreront à la

Sécurité sociale et se soucieront comme d'une guigne de vos mesures pour l'emploi puisque jamais on ne vit le rêve chômer. Nous serons les travailleurs de l'irréel, à l'œuvre cent heures par semaine et mille jours par an. Notre haine sera celle de vos congés qui voient des millions de non-êtres humains, comme un troupeau non pensif, se coucher sur les plages et offrir leur viande au soleil. Qu'on se le dise : désormais nous n'aimerons plus la nature où le socialisme prétend, sous le fouet des congés, traîner nos personnes afin que nous y respirions le parfum abominé de ses roses. Nous ne chanterons plus que la ville corrompue et ses antres nocturnes pollués de fumée blonde où des hétaïres nues proposent le plaisir. À la décadence des derniers hommes, prophétisée par Nietzsche mon ami, nous opposerons la nôtre et la sertirons dans un écrin d'or. Elle brillera, unique, dans la nuit commune et les aurores aux doigts noirs nous entendront prononcer notre adieu à la nature socialiste et à ses troupeaux électeurs. « Vous partez en vacances ? Vous allez à la mer ? Vous marchez dans des sentiers ? Mais enfin, mon ami, la nature, ça ne se fait plus ! Et ne me dites pas que vous êtes socialiste car vous me verriez obligé de rompre les liens secrets qui nous lient. » Nature, ô très chère, je te fuirai. Je ne supporte plus, comprends-moi, que tu sois aimée par un président de la Chose publique socialiste. Nature qui ne souffres que des rois et des reines que la révolution décapite un jour, tu n'auras plus désormais souvenir, dans tes prairies, que de moutons enrubannés.

*

Nous allons droit vers les accents vulgaires. Écoute-les, mon âme, elles sont vraiment affreuses les voix des tribuns de notre décadence qui mastiquent du haricot distingué et s'extraient de bouches qui sentent l'oignon. Cette femme, dans la chambre, allait s'offrir et ôtait à gestes délicats ses fins collants, son corsage transparent, son soutien-gorge diaphane. Il contemplait ce spectacle et lui déclara : « J'ai l'impression que tu te pèles et que je vais faire l'amour avec un oignon. » Elle lui répondit que cela n'était pas faux puisqu'elle faisait pleurer les hommes. À cette différence que son corps était parfumé à la riche tubéreuse, senteur d'un autre temps, et non à l'oignon démocrate désormais perçant de ses radicelles le cuir des fauteuils du pouvoir. Alors, la très ténébreuse question se pose : que vont devenir nos femmes sous les faux socialistes tranchant leurs hautes perruques aux formes de caravelles et de cathédrales ? Depuis toujours, nous savions que la femme est collective et l'homme individuel. Elles bavardent, les reines de l'amphore, autour de la fontaine et échangent les nouvelles de la guerre de Troie. Elles se groupent sur le quai pour voir partir les lourds vaisseaux vers les rivages de Cipango et de Golconde et le vent, d'une même haleine, gonfle leurs robes de lin et les voiles des galères. Ce soir, le vieillard les convoquera pour qu'elles fassent des libations de vin noir aux dieux de la mer violette afin qu'ils soient bénévolents aux guerriers conduits par leurs princes et leurs rois à la chevelure indomptée et qui, à cette heure où Astarté fait gicler dans le ciel le lait de milliards d'étoiles hors de sa ronde mamelle, voguent sur leurs vaisseaux qui filent doux sur les flots. Elles sont vieilles, toutes vêtues de noir, et papotent, dans les villages, sur le seuil des chaumières, assises sur leurs chaises dont des générations d'aïeuls ont poli la paille blonde jusqu'à ce qu'elle prenne une teinte vénérable et rousse. Ah ! mais quelle est la femme qui, en notre temps, s'assied très sage sur une chaise de paille et devise des choses de la vie essentielle — par exemple de la guerre qui a vidé le village de ses hommes ou encore de la distance souhaitable entre les braises et la broche où tourne l'agnelet — avec d'autres femmes au nez d'aigle et à la bouche édentée par le ravage des ans et, peut-être, des siècles ? Elles dansent une ronde. Elles discutent, à voix fiévreuse, de la toilette pour le bal. Elles sont toujours ensemble et, je n'en démordrai pas, collectives, même si elles rêvent, solitaires. Mais, en ce cas, elle est bergère ou, dans sa chambre rose, elle est jeune marquise qui écrit à son amoureux. De toute façon, il y a toujours de l'homme qui traverse son rêve et jamais, bergère ou marquise à la plume d'oie suspendue au-dessus du vélin, aucun de ses soupirs ne se veut politique. Philomène veille sur ses moutons et Chloris d'un ruban enveloppe le billet doux. Nulle trace de féminisme politique dans leur comportement. Jamais Albertine, sur la plage de Balbec, ou Gilberte sous les frondaisons des

Champs-Élysées, ne me parlèrent de socialisme. Et, je le précise, qu'elles fussent solitaires ou entourées d'une guirlande d'amies. Ah mais, lorsque le cercle se brise et que la joyeuse bande tout éclaboussée de rires devient troupeau... ou députées, ciel, et ministresses !...

Alors, c'était la foire et l'homme, sur l'estrade basse, était vêtu d'une chemise violette et un mince foulard rouge se tortillait autour de son cou. Une barbe bleue devait l'obliger à se raser deux fois par jour. Les yeux très noirs et qui brillaient. Il hurlait, dans un porte-voix en laiton cabossé, que tous les messieurs-dames et les enfants devaient entrer dans la baraque et que, là, ils verraient un prodigieux spectacle évoquant les mystères de l'Inde. Ils verraient ce qu'ils n'avaient jamais vu, l'attraction la plus stupéfiante du siècle, mesdames et messieurs, que les Américains nous enviaient. Du frisson, de la beauté et du mystère ! Entrez ! Venez voir la princesse aux serpents, Mademoiselle Mirza, authentique descendante d'une famille royale, maîtresse de la vie et invulnérable à la mort. Autour de la baraque la foule des hommes se pressait, sous le soleil de juin qui brûlait les nuques et desséchait les gosiers. Ne poussez pas. Les souliers étaient gris de poussière, les aisselles marbrées de sueur, les regards luisants : le bateleur au foulard rouge hurlait en effet que la princesse était nue.

Nous entrâmes et vîmes la princesse, dans un cercueil de verre, vivante, au milieu de serpents indolents. Les yeux clos, aux paupières alourdies de fards. Elle paraissait enchâssée dans un vitrail — comme une idole de Gustave Moreau, mais son regard d'enfant ne connaissait évidemment pas ce peintre et c'est à l'évocation de ce souvenir que j'organise aujourd'hui mon éblouissement passé — et reposait, entourée de lourdes nervures de plomb, royalement immobile mais les monstres torsadés autour d'elle bougeaient, glissaient parfois comme pour la séduire à longues reptations et la faire crier sous la caresse immonde. Elle n'était pas nue, hélas, mais portait un soutien-gorge clouté de strass et une jupette de satin rose. Un énorme rubis luisait, œil rouge, coincé au creux de son nombril. Autour de la foire et de la baraque, grondait en ce temps-là le Front populaire et, pourtant, les Travailleurs — appelés Prolétaires — se penchaient au-dessus du cercueil de verre et haletaient et se flanquaient des bourrades afin d'adorer la princesse et de rêver qu'ils étaient à la place des pythons et des boas à la tête triangulaire posée sur cette divine poitrine. Le cuir, à l'intérieur de leur casquette, était humide de transpiration lubrique.

Ce qui prouvait et ce qui éternellement prouvera que le socialisme n'est rien qu'une brume chaude dans la cervelle froide des intellectuels. On dit, on crie : « Blum ! Blum ! Vive Blum ! Vive Mitterrand ! » et, ensuite, on se précipite dans une baraque foraine et l'on y accomplit ses dévotions bandantes devant l'Ève royale pelotée par des serpents ; et l'on donnerait tout au monde pour être à la place des reptiles. Il y a là une contradiction que n'arrivait pas à résoudre le Procureur de la République lui-même (qui avait voté SFIO parce que ses parents étaient agriculteurs et qu'il n'avait pu poursuivre ses études qu'à l'aide de bourses) tout prêt à abandonner sa situation, sa femme et ses enfants et à suivre de ville en ville la foire. Il emporterait les économies du ménage, il coucherait à l'hôtel et, chaque jour, il entrerait dans la baraque et passerait des heures devant le cercueil de verre. D'abord, la princesse — qui aurait repéré ce visiteur assidu — le regarderait de temps en temps sans ciller puis, peut-être, un jour, malgré l'hiératisme que lui impose sa dignité de maîtresse des serpents, lui adresserait un sourire. Il se pencherait alors au-dessus du cercueil de verre et ses lèvres articuleraient : « Je-vous-aime ! »

La baraque vole de ville en ville, de foire en foire. Le Procureur a fini par être admis dans le cercle de la princesse. Il mange avec père et frères dans la roulotte. Il aide à monter et à démonter la baraque. Il donne des souris à manger aux serpents. Il ne réclame — lui qui est pourtant membre de la SFIO ! — aucun salaire. On aurait pu croire qu'un charme se serait rompu lorsqu'il allait apprendre que la princesse Mirza s'appelait en réalité Antoinette et était née à Lézignan et non pas en Circassie. Antoinette Lopez, de famille espagnole. Elle ne se nourrit pas de diamants mais de sardines à l'huile et de fricassées de poulet. Elle traîne la savate, dans la roulotte, et mange la bouche ouverte. Elle sent la transpiration et débite souvent des chapelets d'injures qui lui tombent des lèvres comme des crapauds. À l'étape, les frères volent des conserves à l'étal des magasins et des fruits et légumes dans les jardins. Vraiment, la princesse Mirza n'est qu'une vulgaire pute qui a dû perdre sa virginité à treize ans et couche avec les patrons ou employés de toutes les autres baraques mais le Procureur de la République n'en est pas moins éperdument amoureux d'elle et accepte sans rechigner de faire la vaisselle, de monter la baraque et de s'occuper des serpents. Les Lopez ne s'étonnent plus d'avoir recruté pareil et bénévole valet.

Il est humble et docile. Mais, chaque jour, il passe une heure penché au-dessus du cercueil de verre où Antoinette, redevenue princesse Mirza, repose au milieu des boas et il murmure : « Je-vous-aime ! » Il n'est pas jaloux bien qu'il l'ait surprise en train de forniquer avec le dompteur Ted Baxter du cirque Texas. Elle lui a crié : « Fous le camp, crétino ! » et il s'est retiré en laissant doucement retomber la portière de la roulotte. Le soir, il lui a dit : « Si vous voulez, je pourrais vous remplacer, de temps en temps, dans le cercueil. » « Bonne idée », a-t-elle répondu. Les Lopez ont discuté de ça, entre eux, et ont dit : « Pourquoi pas ? On dira qu'il descend des empereurs de Russie et on lui mettra un bonnet d'astrakan et des bottes rouges. » Et voici pourquoi et comment on peut admirer le Prince

Wladimir couché dans un cercueil de verre pendant que des serpents froids dorment à ses côtés. Il porte un slip brodé de perles qui ont appartenu, selon Ramón Lopez qui le hurle dans son porte-voix de laiton, à la couronne impériale.

Tout cela se passait en 1937, en plein Front populaire et Léon Blum étant président du Conseil ! Allez, après cela, croire au socialisme ! Jamais plus on ne nous y a repris. Contre lui, nous avions appris que la beauté était invincible puisqu'elle n'avait pas pesé lourd dans la balance des rêves d'un Procureur de la République pourtant membre naguère respecté de la SFIO et père de famille honorable.

*

Toute la question étant de savoir, à partir de cette belle histoire, pour quoi bande le socialisme. Nous pouvons à la rigueur comprendre qu'il excite les femmes laides en passe de se transformer en hommes. Laides ? C'est évident. Nous attendons en effet qu'on nous démontre que la Vénus de Milo, la Madone au long cou ou le harem de beautés pleurant la mort de Sardanapale collent, le soir, des timbres sur leurs cartes d'adhérentes au parti socialiste. Et nous ne parlons pas de Didon ou d'Hélène. Ou de Pénélope demandant à Ulysse si le socialisme français déferlera jusqu'aux rives d'Ithaque et jusqu'aux marches du Parthénon ! Ces évocations sont proprement absurdes. Ou bien encore, plus près de nous, imaginons les fabuleuses prostituées de Degas (dans la « Maison Tellier ») qui s'interrogeraient sur la mise en autogestion de leur lupanar et s'écrieraient : « Vive Jaurès ! » au cours de « la Fête de la patronne » ! De même que vous ne logerez jamais un cube rectangulaire dans un alvéole rond, de même vous ne parviendrez jamais à concevoir, dans votre cervelle, cette idée. La beauté n'est pas, n'a jamais été et ne sera jamais socialiste. Elle est de droite. Impériale, royale, pharaonique, ducale, comtale (etc.), tout ce que vous voudrez, mais de droite. Dès qu'elle tombe à gauche, elle se meurt en poussant un grand cri d'oiseau blessé. Elle est un cygne. Blanche comme l'oiseau de Léda. Et si tel oiseau a, comme l'indique son nom, la gorge rouge, c'est uniquement pour signaler que, si on la lui tranche (il l'offre par défi), il ne chantera plus. Contre le socialisme, cette observation, et de tous les rouges-gorges que nous connûmes, le témoignage, nous semblent décisifs.

*

Mais, revenons-en à nos roses ; pourquoi certaines femmes sont-elles socialistes ? Nous l'avons dit : par excitation. Elles croient que le parti va désormais bander à la place des hommes qu'elles ont châtrés. Cette pensée est errante car un parti n'a pas de sexe visible, en bonne chair musclée, et les militantes, la nuit, se retrouvent toutes seules dans leur lit ou bien au flanc d'un époux épuisé par le militantisme. En outre — et là notre argument est effrayant de vérité — comment voulez-vous qu'un membre actif du parti socialiste déchaîne, au lit une quelconque imagination ? C'est d'une impossibilité — si nous osons dire — radicale. Comment grimper au lustre pour mieux s'écrouler sur le corps de l'aimée ? Comment demander à celle-ci de vous charger de chaînes ? Comment exiger qu'elle se promène nue, mais les jambes gainées de noir et perchée sur de fins talons rouges ? Et nous ne choisissons que des exemples fort banals ! Son plus vieux lion étant mort, le dompteur Ted Baxter avait prié un taxidermiste de lui fabriquer des gants en utilisant les pattes du fauve. Gants qu'il enfilait pour faire l'amour avec les ravissantes vendeuses de programmes du cirque. Oh, avoir les seins doucement griffés par un lion !... Quant à Max, le roi de l'évasion, il chargeait ses amoureuses de lourdes chaînes (celles-là mêmes dont il se débarrassait en un clin d'œil devant le public) et copulait ainsi dans un grand bruit de ferraille. De tout cela et de bien d'autres choses encore, les femmes rêvent, mais ces exercices érotiques ne sauraient être pratiqués par des amants socialistes car ils sont contraires à l'idéologie. Dante, à l'aide d'un stylet finement aiguisé, avait tracé une croix sanglante sur le ventre de Béatrice, croix dont le nombril était le centre. (Centre du monde : tout le monde a compris.) Aucun député socialiste n'est capable d'imiter Ted Baxter, Max le roi de l'évasion, ou Dante tant il est vrai que le programme du parti, épouvantablement bavard sur les inégalités sociales, la réduction de la durée du travail et autres mornes sottises est muet comme une carpe sur la manière qu'auront les corps de se tutoyer entre eux.

Telle est donc la question : l'érection ne constitue-t-elle pas un crime contre le socialisme ? Qui répondra ?

*

Une grave menace pèse sur l'imagination lorsqu'on observe que les députés du P.S. sont des enseignants à la barbe taillée. Depuis longtemps, nous avions mis en garde les hommes libres et les poètes contre le danger que représentait, dans notre pays, la montée des barbus alors que les crèmes à raser n'ont jamais été aussi scientifiquement mises au point, que les lames des rasoirs n'ont jamais été aussi fines afin de trancher les poils, sans douleur, au ras de la peau, que jamais les rasoirs électriques n'ont été aussi perfectionnés. De ce temps, les enseignants (tous socialistes) portaient barbes. C'était là un signe terrible qui aurait dû nous alerter et nous inviter à la réflexion et au combat. De la barbe nécessaire (parce que provoquée par les conditions de vie dans la Sierra Maestra) de Castro et de Che Guevara, nous étions passés à la barbe hirsute pointée, en 1968, contre la société de consommation pour finir, au fil des années qui suivirent, par la barbe sectaire, idéologiquement taillée et religieusement entretenue de la funeste race des enseignants. Déjà, à Téhéran, la barbe fanatiquement réactionnaire des mollahs avait triomphé d'un Shah imberbe et de son empire. Cela aurait dû nous servir d'avertissement. Les barbus, en France, tous enseignant le Coran laïque et tous socialistes, ne pouvaient pas ne pas un jour aspirer à prendre le pouvoir. Il y avait, dans cette prolifération des barbes, une véritable révolte contre la modernité imberbe, un complot contre la patrie dont les meilleurs soldats sont ennemis du poil. Tant de barbus et nous dormions tranquilles ! Et nous refusions de nous souvenir que Jaurès et Marx étaient des barbus ! Tant de prêtraille pileuse et nous ne comprenions pas qu'elle prononcerait la Loi ! Funeste aveuglement. Nous étions l'un des rares prophètes à annoncer la catastrophe devant l'irrésistible montée des barbus mais la bourgeoisie technocrate et imberbe au pouvoir refusait de nous entendre. Nous disions : « Prenez garde, les barbus sont à nos portes ! » On nous riait au nez.

Pourtant, dans le cirque (pour être précis le Texas-Circus) tout le monde se méfiait, en un autre temps, du fakir Burmah qui passait ses journées assis ou allongé sur sa planche à clous et qui possédait une vaste barbe noire. Je connaissais son passé d'ancien curé défroqué. Chassé du sein de l'Église à la suite d'exhibitions répétées de son sexe devant les enfants du catéchisme, il s'était reconverti dans le fakirisme à l'œil farouche dardant un regard noir de haine sur le monde des vivants. Tout le cirque avait peur de lui et de sa barbe. On n'ignorait pas qu'après avoir été exclu de l'Église il avait adhéré au parti socialiste dont il possédait la carte n° 18 938. On savait aussi que, la nuit, dans sa roulotte, il ne lisait pas les textes sacrés de l'Inde mais les œuvres de Marx, Proudhon, Jaurès, Blum et autres prophètes de l'Égalité. Il avait écrit un opuscule où il se disait partisan absolu de celle-ci et affirmait, à partir de son expérience de fakir, qu'elle n'était pas douloureuse. « Si, disait-il, les clous sont rigoureusement plantés dans la planche à une hauteur égale, on n'éprouve aucune douleur à se coucher dessus. L'ennemie, c'est la pointe qui dépasse ! » Dans les fédérations du parti socialiste, cette thèse avait été acclamée. N'oublions pas qu'il était barbu.

*

Si le socialisme, en effet, doit être — ce que nous souhaitons — ruiné un jour, ce sera grâce au cirque et à la révolte des clowns, dompteurs, trapézistes et cracheurs de feu. Contre les cracheurs de Blum, les cracheurs de feu. Lesquels, depuis le commencement du monde, ont été les ennemis des curés qui haïssent ceux qui font jaillir des flammes de leur corps. Surtout dans la nuit, car rien n'est plus beau que de voir un homme, découpant sa silhouette, au haut d'une colline, sur le velours nocturne du ciel, aboyer de longs jets de flamme vers la lune.

Les curés n'aiment pas cela. Les curés ou les socialistes, ce qui est exactement la même chose. Tout membre du P.S. est à la fois socialiste et curé et, au premier rang, leur chef et pape, M. La Mitte. Une soutane et il vous chante la messe ; en veston et il vous célèbre le socialisme. Avec les mêmes mots. Ce que ne fera jamais un dompteur ou un lanceur de poignards. Mais reparlons des barbus, sujet capital. Nous observons que les barbes, au cirque, sont postiches et uniquement arborées, parfois, par les paillasses — les clowns blancs sont imberbes — afin d'aggraver le grotesque de leur comportement et de leurs propos. Elles sont retenues, derrière les oreilles, par des élastiques, ce qui signifie clairement leur bêtise en même temps que leur rôle menteur. Vous tirez dessus et aussitôt vous constatez que le paillasse est furieux de se voir démasqué. Il proteste, trépigne et ne retrouve son calme que lorsque, l'élastique relâché, la barbe revient se fixer sur ses joues. Les spectateurs hurlent de rire en découvrant que cette barbe, symbole de dignité bavarde et humaniste, n'est en vérité que ce qu'elle est : un stupide fouillis de poils. Au Texas-Circus, le clown Pepito possédait toute une collection de barbes, accrochées à un fil de fer, dans sa roulotte, à l'aide de pinces à linge. Chaque jour, il les peignait soigneusement et les contemplait avec une morne tristesse. Il eût aimé, en effet, en porter une vraie mais son métier le lui interdisait car le comique vient justement, au cirque, de constater que la barbe est fausse. C'est l'évidence même ; si vous tirez sur une barbe et si le spectateur constate qu'elle est en vrais poils adhérant à la peau, il n'y a là aucune raison de s'esclaffer.

Pepito voulait être député radical dans le Tarn-et-Garonne. C'était son brûlant désir, posséder enfin une vraie barbe sur laquelle nul n'oserait tirer tant la majesté parlementaire inspire de respect. Une vraie barbe qu'il caresserait d'un geste plein d'onction, très lent, dans les congrès du parti, à Toulouse ou à Narbonne, en parlant de la laïcité et qui lui permettrait d'adhérer à la franc-maçonnerie. Certes, il renoncerait à son métier de clown mais se promettait de revenir au Texas-Circus, en spectateur cette fois. Il s'installerait au premier rang, tout au bord de la piste, et garderait obstinément les bras croisés pendant que les frères Zemgano exécuteraient leurs voltiges. Au lieu d'applaudir, il se caresserait la barbe et savourerait sa vengeance. Fini le temps où les Zemgano le moquaient et s'amusaient à lui dérober ses fausses barbes qu'ils jetaient dans la cage aux lions. Ce travail, ensuite, pour les récupérer à l'aide d'un long crochet entre les pattes des fauves rugissants ! Le directeur s'écriait : « Que fais-tu là, Pepito ? Arrête d'embêter les lions ! » « Mais je récupère mes barbes, monsieur ! » répliquait le clown pendant que les employés de la ménagerie se tordaient de rire, appuyés sur leurs fourches.

Ici, nous aborderons un problème d'une importance capitale et aux conséquences politiques immenses, savoir la différence entre la barbe radicale d'avant-guerre et la barbe socialiste du temps présent. La première, abondamment fournie, descendait volontiers jusqu'à mi-poitrine et s'étalait fluvialement sur le gilet. Elle signifiait ceci : « Messieurs, tout d'abord ma barbe témoigne que je suis un homme amoureux de la liberté puisque j'aime que mes poils poussent sans contrainte aucune. (Applaudissements.) Ensuite, elle est preuve de ma sagesse et de ma philosophie ainsi que de mon ardeur à me pencher sur les problèmes de l'heure au cours de longues veilles. Tant j'étudie les formes du combat à mener pour la laïcité et en faveur des bouilleurs de cru et des vignerons de l'Hérault, que je n'ai pas le temps de me raser. (Applaudissements unanimes.) Enfin, messieurs, elle m'évite de pâlir sous les injures de nos adversaires qui s'en trouvent fort dépités. Pour conclure, je dirai qu'elle est française et solidement accrochée à ma peau, laquelle enveloppe mon corps, lequel est irrigué par un sang que je suis prêt à verser pour la patrie si l'ennemi s'avisait de passer le Rhin. » (Tonnerre d'applaudissements.) Ce que n'ajoutait pas l'orateur c'est que les barbes radicales étaient fort prisées des prostituées du « Chabanais », seules autorisées à tirer dessus quand elles s'asseyaient sur les genoux des députés et ministres radicaux et les traitaient de grands vicieux. Vraiment, elles adoraient les parlementaires radicaux dont les bedaines prospères remplies de bœuf bourguignon arrosé d'excellent bordeaux (ils chantaient le vin de l'Hérault mais buvaient du château-lafite) et surtout, surtout, les barbes leur inspiraient une confiance entière. Elles gazouillaient, rassurées. Elles avaient l'impression d'avoir affaire à des pépés bien braves, amoureux de la vie, des tétons haut perchés et de l'école laïque, et se sentaient protégées contre leurs souteneurs imberbes au ventre plat et aux joues adornées de « pattes » redoutables. Ce que ne disait pas non plus l'orateur plus haut cité, c'est que la barbe radicale constituait un masque merveilleux pour aller au bordel. Qui ressemble le plus à un barbu sinon un autre barbu ?

*

Nous en viendrons maintenant à méditer sur la barbe socialiste contemporaine. Et nous observerons — différence capitale et dramatique pour la liberté — d'une part qu'elle est portée par des députés le plus souvent jeunes et, d'autre part, qu'elle est taillée. Un jeune barbu, soit ! passe encore ! Un jeune barbu député, méfions-nous. Mais un jeune barbu socialiste, député et à la barbe taillée, nous affirmons que rien n'est plus dangereux. Et un jeune barbu socialiste, député, à la barbe taillée et enseignant, nous crions au déshonneur de l'espèce et à la fin du monde. Primo, cet individu ne fréquente pas les bordels (puisqu'ils sont fermés) et de ce fait ignore tout de la vie.

Qu'il soit marié et père de douze enfants, ne change rien. Ni le mariage, ni la paternité n'ont jamais appris la vie à personne. Le bordel, si. Quiconque n'a pas mis les pieds dans un bordel ne connaît pas la femme et donc n'entend rien à la politique puisque celle-ci, en démocratie, est femelle. Cela est irréfutable et d'innombrables thèses ont été écrites à ce sujet. Secundo, cet individu possède des idées qui ont nécessairement la forme de sa barbe : elles sont taillées avec des ciseaux socialistes et rien n'est plus dangereux qu'une idée taillée. Elle est funèbre comme un if de cimetière ou comme une vigne en espalier et perd en sauvagerie ce qu'elle gagne, hélas ! en fanatisme. Tertio, cet individu croit au progrès et le signifie par sa barbe dont il estime que, taillée, elle marque un progrès par rapport aux barbes à la pilosité en liberté. Or, nous savons que tout progressiste manque d'humour (exemples : Rousseau, Marx, Lénine, etc.) car celui-ci est une guêpe qui pique le cheval dont le progressiste tient les rênes pour labourer le champ de l'avenir. Sous la fine douleur, l'animal s'emballe et le sillon zigzague follement. Le comble du socialisme est donc incarné par la femme enseignante à barbe taillée. Je note cela parce que nous avions, au Texas-Circus, une femme à barbe. Pas un homme aux traits féminins et au corsage menteur gonflé par deux seins en caoutchouc. Madame Léonie était une vraie femme dotée d'une magnifique barbe noire qui ruisselait librement entre des nichons d'une belle rondeur. Jamais ses amants ne l'entendirent prononcer des propos teintés d'un quelconque socialisme, tout bonnement parce qu'elle n'était pas enseignante et allait même jusqu'à avouer, en tricotant des résilles en lesquelles elle enfermait sa toison, qu'elle avait raté trois fois son certificat d'études. Nous aimions beaucoup Madame Léonie. Nous aimions aussi Madame Irma, extralucide diplômée de la Haute-école des Sciences occultes de Beyrouth et farouche ennemie du socialisme en quoi elle voyait un concurrent stupide et menteur puisqu'il ne prévoyait que des temps radieux. Elle, Madame Irma, ne prévoyait pas. Elle prophétisait. Et uniquement des catastrophes. Dès l'année 1930, elle nous annonça celles qui allaient venir et notamment le triomphe électoral et barbu, en 1981, du socialisme en France. « Ce qui marquera, disait-elle, la décadence de la Gaule... » Un jour, alors qu'elle était de très bonne humeur, elle nous confia ses secrets qui nous permettent de prophétiser à notre tour. Nous déclarons donc, aujourd'hui, que les barbus vont décourager notre pays. Ses soldats seront froussards, ses ouvriers fainéants, ses enfants illettrés, ses politiciens bavards et ses immigrés féroces. Innombrables ses voleurs et ses criminels. Nous déclarons que notre pays sera déchiré et vaincu. Nous affirmons qu'il est devenu socialiste par paresse, renoncement et démission. Nous bramons à la lune qu'il mourra idiot, abruti par les instituteurs et les profs socialistes. Nous hurlons au ciel que nous assistons à l'irrésistible montée de la lâcheté. Nous prétendons que le fait que la France soit gouvernée par des enseignants barbus prouve qu'elle a désir de retomber en enfance irresponsable et gâteuse. Le socialisme, c'est sa confiture, ses billes et son cerceau. « Venez, les petits, pépé Mitterrand vous donnera de la confiture de rose... » Ce pays n'a qu'un désir qu'exprime de manière éclatante son socialisme : foutre le camp. Foutre le camp hors de l'Histoire. Se tirer en douce. Partir en vacances. Donner à ses citoyens les ambitions d'animaux domestiques, ce qui entraîne toujours celles d'animaux de boucherie. Tant pis. Ils ne veulent pas savoir. Nous sommes les témoins de la fin du Texas-Circus. Les trapézistes exigent que l'on tende des filets partout. Les dompteurs n'acceptent d'entrer dans la cage que si les lions sont drogués. Les écuyères ne montent que des chevaux de trente ans. Les fildeféristes ordonnent que le fil soit remplacé par une planche large d'un mètre. Les clowns ne veulent plus recevoir de coups de pied au cul. Le charmeur de serpents a prié un vétérinaire d'arracher les crocs de ses najas. C'est la fin de l'Occident et du cirque. Mathusalem, que nous présentions comme l'homme le plus vieux du monde (attraction unique !), âgé de 180 ans, a demandé sa mise à la retraite avec effet rétroactif sur le montant de sa pension (« à laquelle j'ai droit ! » a-t-il dit) depuis 1861, année où il eut soixante ans. Quant à Carmona, le dresseur de singes, voyant ses chimpanzés décimés par un virus, il a refusé de se reconvertir dans le dressage des caniches et s'est inscrit au chômage. Toutes ces mesures ont été adoptées après des votes à l'issue de réunions présidées par Mathusalem. Quand celui-ci s'est écrié : « Il y a un siècle qu'on m'exploite ! Né en 1801, sous l'infâme régime fasciste de Bonaparte, j'aurais dû prendre ma retraite en 1861 sous le Second Empire ! Mais enfin, grâce à la victoire de la Gauche en 1981, une aube nouvelle se lève ! » il a été acclamé. Enveloppée dans ses châles, Madame Irma se lamentait : « Je prophétise la mort de notre cirque... » Personne ne l'écoutait. Max, le dompteur de tigres, lui expédia même une bourrade et elle s'aperçut avec horreur que, pour ne plus sentir la bonne odeur des fauves, il s'inondait désormais de désodorisants. « C'est vraiment la fin, pensa Madame Irma. Un cirque qui a honte de ses odeurs est un cirque condamné ! »

*

Un socialiste, ça sent quoi ? Ça ne sent rien. Parfois l'aisselle, la brandade de morue à l'ail et la bière. (On conviendra que ces odeurs ne sont pas grisantes.) Ça ne sent jamais le lion. D'ailleurs, ça ne rugit pas. Ça bêle. C'est méchant mais ça bêle. Nous nous souvenons, à ce propos, de Max le dompteur. Avant d'adhérer au parti, il poussait d'effroyables cris, dans la cage, pour intimider ses douze lions de l'Atlas. Lorsque ceux-ci furent syndicalement drogués au Gardénal, Max, au nom de la démocratie, leur parla d'une voix sucrée et alla jusqu'à s'adresser à eux par bêlements. Ce qui fit rire les spectateurs, au début, mais les mit ensuite en fureur. Il fallut rembourser. À partir de là, le cirque glissa sur la pente de la ruine économique. Question : comment dresser des lions en étant un dompteur socialiste ? Réponse : en les transformant en ovidés. Oui, mais allez donc soulever l'enthousiasme des spectateurs en mettant votre tête dans la gueule d'un mouton !

*

Ainsi le Texas-Circus, qui malgré son nom était français, perdit tout prestige à l'étranger. L'Allemagne, le Japon, la Chine, les États-Unis, refusèrent d'accueillir ses tournées. Le directeur décida de mettre la clé sous la tente. « Pas question ! » braillèrent les syndicats socialistes. « Nous refusons le démantèlement de notre entreprise ! » Tout cela était bel et bon mais comment vivre ? On mangea d'abord les chevaux, puis les chiens et les singes, enfin les tigres et les éléphants. Les cirques étrangers — un concurrent de moins — se réjouirent.

*

Nous assistons au triomphe sinistre du socialisme dans notre pays, avec beaucoup de mélancolie. Nous n'en sommes pas étonnés, non, car nous l'avions prévu. Nous voyions s'avancer les profs et les instituteurs vers les chaires du pouvoir. À force d'abrutir des cancres, disions-nous, leur ambition ne connaîtra plus de bornes et ils voudront abrutir le pays tout entier. Fous de vacances fainéantes, ils répandront leur idéologie vacancière sur ce peuple décérébré. « Pardon, monsieur, où est la France ? » « Elle est en vacances, monsieur... » Déguisés en infirmiers, ils achèveront ce pays qu'ils auront transformé en hôpital. Et la France, c'était l'Occident !

Et nous voici, assommés par veuleries et sottises. Ce spectacle, seigneur ! Ils chantent l'Homme et l'Humanité et leurs peuples se meurent, leur civilisation s'écroule dans la poussière, leur mémoire est souillée, leurs ennemis se pressent derrière les portes dont les gonds cèdent les uns après les autres. Et ils se roulent dans le socialisme ! La décadence en veston, une rose à la main ! Comment résister à ce flot de vase qui tout englue puisque la moindre résistance est qualifiée de fasciste. « Nous avons vaincu le fascisme ! » balbutie la Grande-Bretagne en loques, édentée et à genoux. « Nous avons vaincu le fascisme ! » dit l'Italie au fond du gouffre. « Nous nous sommes débarrassés du fascisme ! » triomphent les Espagnols à quatre pattes devant le terrorisme et le nez dans la décomposition de leur pays. « Nous avons exorcisé le fascisme ! » déclarent les Allemands, gorge offerte au couteau soviétique. « Le fascisme ne passera pas ! » gâtifient les Français, saouls à rouler de démocratie. Et tous, depuis plus de quarante ans, s'épuisent à lutter contre le fascisme à coups d'overdose de démocratie pendant que la syphilis communiste et tiersmondiste leur ronge les os. Agonisants, sodomisés par l'URSS et les hordes haineuses du tiers monde, nous ne retrouverons assez de forces que pour écraser une mouche fasciste. Ensuite, nous crèverons, labourés par les griffes du monstre. Mais nous aurons, en un dernier geste, tué la mouche.

*

Pourquoi parler ? Ils sont sourds. Ils sont barbus. Ils baptisent les lions moutons. Ils croient que le monde est une bergerie dont ils seront les pasteurs humanistes. Ils ne veulent plus savoir que toute vérité est une guerre, toute vie un combat, toute survie une âpre lutte. Ils ont oublié que la grandeur d'un peuple est d'abord faite de son égoïsme et que l'oubli de celui-ci le condamne à l'esclavage. Ils refusent de voir qu'on ne gagne jamais si on n'est pas habité par la rage de vaincre et que, pour être magnanime, il faut d'abord être vainqueur et qu'on n'est vainqueur que si l'on est fort. Ils sont sourds à ces simples cris. Ils sont barbus.

Grise, grise, l'Europe est grise. Grise, grise, la France socialiste. Vit-on jamais un boxeur barbu ? Il est vrai qu'au Texas-

Circus nous avions Gorilla Jones, le lutteur qui pesait 142 kilos et mesurait 2 mètres. Il est vrai que Gorilla possédait une épaisse et hirsute barbe noire. Cela n'est pas niable mais cette énorme barbe n'était pas socialiste, d'une part parce qu'elle inspirait la terreur aux adversaires de Gorilla Jones, d'autre part parce que la fureur de notre lutteur redoublait quand on tirait dessus. En revanche, les barbes taillées de nos mollahs socialistes n'inspirent pas de terreur, elles glacent — et on ne tire pas dessus d'une part parce qu'elles sont trop courtes, d'autre part parce que nos mollahs mettent toujours un bureau entre eux et leurs ennemis. C'est ce que l'on appelle la bureaucratie et ils en sont les champions. On croit trop volontiers que les systèmes socialistes s'appuient (par exemple) sur l'armée, alors qu'en vérité ils écrasent les peuples en s'abritant derrière de gigantesques barricades de bureaux. Rien de tel pour fabriquer un socialiste : vous prenez un individu normal et vous l'installez derrière un bureau, n'importe où, dans un palais ou une ferme, dans une prairie ou sur une plage et peu importe que ce bureau soit en acajou, poirier, bois blanc, cerisier, chêne ou ébène de Macassar. Vous faites ainsi et, aussitôt, votre homme se transforme en abominable socialiste. S'il est barbu, cette transformation s'opère en une seconde. S'il est imberbe, elle prend quelques heures.

*

Voyons maintenant quels sont les violons d'Ingres de l'enseignant socialiste. En aucune façon la musique car, si vous lui tendez un disque, il se le place immédiatement derrière la tête en guise d'auréole. Il déteste Mozart qui, à six ans, composait des symphonies alors qu'il aurait dû préparer son bac où il aurait été reçu à vingt-quatre ans. Détestable exemple de surdoué. Il n'aime pas Wagner qui était nazi, pas plus que Beethoven qui, étant sourd, n'aurait pu écouter et applaudir les discours de Lionel Jospin. L'enseignant socialiste n'entend goutte à la littérature comme le prouve son langage vulgaire de tréteaux. Ce qu'il aime, c'est fumer la pipe et faire de la bicyclette. La pipe, en effet, selon lui, est du plus bel effet lorsqu'elle est plantée dans une bouche encadrée par une barbe taillée. Elle donne à celui qui la tète un air pensif et penché sur les problèmes des travailleurs. On en tapote le fourneau renversé dans le creux de la main, on la cure avec un instrument spécial et on dit au travailleur (ou plutôt au syndicaliste qui se fait passer pour tel) : « Oui, je suis d'accord avec vous : le problème du casque à pointe pour les cueilleurs de pommes est le plus important de l'heure. » « Nous déplorons trop d'accidents du travail. Les pommes chutent sur les crânes des travailleurs et leur donnent des migraines alors que si nous portions des casques à pointe, elles se ficheraient dessus. » « Le gouvernement est très préoccupé par ce problème, » dit le socialiste. « Nous exigeons que les casques soient remboursés par la Sécurité sociale », dit le syndicaliste. « C'est à étudier. Nous nommerons une commission qui inspectera les vergers mais je ne doute pas qu'elle comprendra vos revendications. D'ailleurs, cela pourra se faire dans le cadre des échanges européens. Nous commanderons les casques à pointe à l'Allemagne et nous lui vendrons du calvados. » Sort le syndicaliste du bureau. Un autre entre. « C'est au sujet de la grippe en hiver... Chaque travailleur doit pouvoir décider librement du choix de la semaine où il attrapera la grippe, au cours de l'hiver. Semaine au cours de laquelle il repeindra sa cuisine et bricolera sa voiture. » Le socialiste répond que le gouvernement est en train d'étudier ce problème du droit à la grippe. Le syndicaliste, voyant que le socialiste nettoie sa pipe en lui donnant cette assurance, ne doute pas que le gouvernement se penchera sur le problème de la grippe avec la même attention et sort satisfait de cet entretien qu'il qualifiera de « positif » devant la « base ».

Après la pipe, le violon d'Ingres du député-enseignant socialiste est évidemment la bicyclette avec dérailleur cinq vitesses. Il enfile un survêtement bleu (parfois vert ou rouge) et roule, barbe pointée vers l'avenir, sur les petites routes de France. En pédalant, il pense qu'il entretient sa forme, ce qui lui permettra de dégonfler sa bedaine et lui ôtera la tentation d'adhérer au parti radical ou même, s'il devenait trop gros, de virer carrément à droite. À cette pensée effroyable, il se signe, bien qu'il soit franc-maçon, et risque la chute. Parfois, il n'échappe pas à celle-ci. J'en veux pour preuve le nombre d'accidents de vélo dont sont victimes les instituteurs et les professeurs socialistes.

Interrogé à ce sujet, un médecin me répondit : « Ils ne l'avouent pas mais ils sont pris de vertige à la pensée qu'ils pourraient être un jour de droite et ils tombent. » Troisième violon d'Ingres du socialiste : la cueillette des champignons, à l'automne. Il les mange. Sa femme et ses enfants ont peur qu'il en meure mais il a l'occasion de leur démontrer premièrement qu'il est très savant, deuxièmement qu'il est courageux. Sa femme l'admire et ses enfants, assommés de respect, décident qu'ils seront plus tard, eux aussi, des fonctionnaires. Réjoui par cette nouvelle, le père leur achète une mobylette de la Manufacture d'Armes et de Cycles de Saint-Étienne et obtient 30 % de réduction sur le prix parce qu'il connaît — c'est un confrère — le député du coin. Le dimanche suivant, il repart à la chasse aux champignons mais son exaltation est si grande, à la pensée que ses enfants seront fonctionnaires, que son regard se trouble et qu'il cueille des amanites phalloïdes. La famille les mange et en meurt. Résultat : quatre socialistes de moins, pleurés par le parti. Il arrive aussi, très fréquemment, que l'enseignant socialiste se vante d'avoir mangé de la baleine, au cours de vacances passées en

Norvège, et du serpent et de la cervelle de singe en Thaïlande. « Et quel goût ça a-t-il ? » Il allume sa pipe et déclare que la baleine à goût de bœuf et le serpent... « C'est très fin. Comme les filets de sole. » Les amis chez qui il dînait sont fiers d'avoir accueilli cet aventurier. Lui, modeste, se contente de sourire mais n'en est pas moins content de prouver que les socialistes n'ont peur de rien. Il rappelle que Jean Jaurès n'hésitait pas à manger des fèves grillées aux anchois. « Est-ce possible ? » s'écrie-t-on. « Ce n'est pas possible, c'est certain ! » « Et Mitterrand ? » « Le Président, en Afrique, a dégusté de la trompe d'éléphant à la sauce aux piments rouges. » « Ho ! » font les amis. Il y a alors un long silence lourd de respect.

*

On voit, à travers les quelques renseignements que nous donnons, combien les enseignants-députés socialistes sont à la fois stupides, prétentieux et redoutables. Surtout l'hiver, quand ils arborent (volontiers) des pull-overs à col roulé et s'attirent la haine des blanchisseuses parce qu'ils portent, sous ces pull-overs, des chemises dont ils ne changent qu'une fois par semaine. Voilà pourquoi, lors des élections, les blanchisseuses votent à droite, alors que les fabricants de pipes et les marchands de vélos votent à gauche. Où la stupidité du socialiste atteint son comble, c'est en Afrique. Au Cameroun et au Sénégal, j'ai vu, de mes yeux vu, des instituteurs socialistes se livrer aux plaisirs infâmes du tourisme. Ils photographient les sorciers, achètent des tissus colorés au marché d'Abidjan, ainsi que des hippopotames sculptés dans le bois et pourtant, à la terrasse des cafés, discutent avec des étudiants noirs de l'avenir du socialisme africain. « Nous avons beaucoup de leçons à recevoir de l'Afrique » disent-ils. « Oui, répondent les étudiants, c'est exact ce que tu dis. » Après ce dialogue, tout le monde boit du Pernod et trinque, puisque les hommes sont frères. La femme du socialiste est embêtée parce qu'un étudiant noir, sous la table, lui tripote les cuisses mais elle n'ose pas le gifler car tout le Cameroun la traiterait de raciste. L'étudiant, âgé de trente-cinq ans, tripote de plus en plus. Alors elle se lève et dit qu'il fait chaud. Elle rentre à l'hôtel et découvre un autre étudiant sous son lit qui lui propose de la sauter. Que faire ? Mon Dieu, que l'Afrique est un pays mystérieux. « Je suis socialiste ! » dit l'étudiant en se déshabillant. « Donc, tu es mon frère, dit-elle, et tu ne dois pas violer ta sœur. » Il la viole tout de même et ce n'est pas moi qui vais sangloter sur les contradictions du socialisme. J'estime au contraire que l'épouse de l'enseignant n'a pas volé ce que l'étudiant lui fait subir. On n'en finirait pas de raconter les ridicules aventures africaines des enseignants socialistes.

*

Bien qu'animés d'une haine glacée de la littérature, beaucoup d'entre eux écrivent des livres qui ne peuvent être qu'exécrables car comment surgirait la musique d'un style dans une cervelle socialiste logée dans un crâne qui fait lui-même partie d'une tête sur les joues et le menton de laquelle court une barbe taillée ? Ces livres sont des romans qui se passent tous sous le « Front populaire » (donc sous un front bas), pendant la Résistance ou en Italie du Sud. Les personnages s'appellent Pierre, Marco, Léonce, Monique, Sandra et Antonia. Ils boivent du vin sur des tables recouvertes d'une toile cirée, se mettent en grève, serrent les poings et s'évadent de prison. Ils sont en général chaussés d'espadrilles. Les enseignants écrivent aussi des manuels scolaires où ils affirment que Jeanne d'Arc n'était pas une sainte et prévoient les défaites de Waterloo et de Sedan dont ils se réjouissent. Ces manuels sont rédigés dans un seul but : fabriquer une jeunesse illettrée et ricanante qui, dès dix-huit ans, votera socialiste, désertera en cas de guerre et, à l'aide d'une clé, tracera des raies profondes sur les portières des Rolls-Royce rangées le long des trottoirs. Si les propriétaires de ces magnifiques voitures qui honorent le génie humain portent plainte, les flics, adhérents d'un syndicat socialiste, hausseront les épaules. Tout enseignant qui rase sa barbe adopte des idées de droite. Mais cela n'arrive pratiquement jamais.

*

Comme ils se ressemblent tous, ils profitent de cette situation pour abuser leurs électeurs qui ne savent jamais s'ils ont affaire à leur vrai député ou à un faux qui le remplace. Autre supercherie que je dévoile : un député alsacien désirait vivre à Perpignan alors que le député catalan aimait l'Alsace. Ils échangèrent leur circonscription sans prévenir les électeurs qui, comme tous les deux étaient barbus, ne s'aperçurent pas de la supercherie. Sauf que l'Alsacien haranguait les viticulteurs de Banyuls en bas-allemand et que le Catalan, à Guebwiller, vantait la recette de la choucroute aux escargots et aux pointes d'asperges. On ne s'étonnera pas, après cela, que la cuisine française soit désormais folle.

*

Pourtant, cette déchéance de la France s'explique. De quoi rêvait, au Texas-Circus, un palefrenier ? D'être écuyer. Un garçon de ménagerie ? D'être dompteur. Rêves, puisque le palefrenier ne savait pas monter à cheval et que le garçon de ménagerie avait peur des fauves. Mais, en politique, le problème est plus facile à résoudre. De quoi rêve un enseignant ? Personnage tordu et psychiquement malade, il désire être à la fois (ceci est contradictoire mais toute névrose dédouble) un écolier et un super-prof. Son élection au parlement comble ses deux désirs. Le voici, en effet, au Palais Bourbon, qui redevient écolier. Il est assis sur des bancs, il peut claquer son pupitre, il possède un casier, il a en face de lui, sur une chaire, un prof (le président de l'Assemblée) qui l'autorise à parler ou le prie de se taire, il peut injurier ses camarades, etc... En outre, sorti du collège, il est prof à son tour et éduque ses électeurs. Il leur donne des leçons de socialisme, les récompense (décorations, bureaux de tabac, nomination dans la gendarmerie, place d'employé municipal, etc...) s'ils sont de bons élèves. Bref, à la fois écolier et instituteur, cet homme est comblé. Le Premier ministre ? Le Censeur. Le président de la République ? Le proviseur. Le ministre de l'Éducation nationale ? Le sur-gé. Ce n'est pas tous les jours qu'un individu réconcilie et vit en même temps son enfance et son âge mûr. D'où l'âpreté des enseignants à devenir députés. Oui mais pourquoi socialistes ? Là encore l'explication est simple. Ces hommes, dans leur métier, ont affaire à des enfants auxquels ils disent : « Vous grandirez, vous serez des hommes, vous êtes l'avenir. » De fait, les enfants grandiront et, à moins d'être étranglés par des maniaques sexuels ou d'être écrasés par des automobiles, seront un jour des hommes. Du coup, l'imbécile enseignant croit sottement à l'avenir et au progrès. Puisque l'enfant se transforme en homme, la société sortira des ténèbres de l'ignorance pour s'avancer vers la lumière du savoir. Puisqu'un enfant illettré apprend à lire, il y a progrès. Donc, conclut l'enseignant, le peuple infantile ne peut pas ne pas progresser vers la vérité, c'est-à-dire (selon lui) vers le socialisme. On le voit, ce triste métier déforme ceux qui l'exercent.

D'où, dans cette perspective, le port de la barbe taillée. En effet, imberbe, l'enseignant-député ne serait qu'un élève ; barbu à foison, il ne serait qu'un vénérable prof. Grâce à la barbe taillée, il se situe dans l'entre-deux. Il est un étudiant qui donne des cours. Une sorte de pion qui, tout en préparant des examens, dispense des leçons. (Nous savons que, depuis toujours, être pion constitue l'un des idéaux de l'homme.) Enfin, il y a les campagnes électorales qui sont manière de passer des examens à quarante ans. Ici encore, un rêve de l'enseignant est comblé. Autre rêve : ces examens — ce que souhaite tout candidat — sont truqués. On raconte n'importe quoi aux électeurs, on copie le programme du parti, on ment avec aplomb, on est nul en économie (l'équivalent des maths) et l'on est pourtant reçu. Bonheur absolu : obtenir un diplôme sans avoir rien fichu. Ce qui était impossible au Texas-Circus où l'on ne vit jamais un balayeur de cages s'improviser dompteur de tigres. C'est toute la différence entre un cirque et le Palais-Bourbon. Un cirque est rond. Le Palais-Bourbon n'est timidement qu'un hémicycle. Au cirque, les spectateurs sont sur les gradins et les acteurs sur la piste. Au Palais-Bourbon, les acteurs sont sur les bancs. Enfin, de leur chapeau, les prestidigitateurs du Texas-Circus ne font s'envoler que des pigeons alors que les enseignants-députés prétendent qu'en jaillit un invisible bonheur. Qui le voit voleter ? Personne. Il n'empêche : le peuple écarquille les yeux.

*

Nous dénoncerons maintenant une autre imposture des enseignants-députés. Chacun sait que le slogan du socialisme, depuis sa fondation, est : « Demain, on rasera gratis ! » Promesse impossible à tenir à peine de déclencher une terrible révolte des coiffeurs. Certes, la solution consisterait à nationaliser cette profession et coupes et permanentes seraient remboursées par la Sécurité sociale mais les coiffeurs vivent surtout de ce qui est superflu : lotions, frictions, gominages, teintures, massages du cuir chevelu, pourboires, et n'admettraient pas de (par exemple) masser gratis. La nationalisation de la profession est donc impossible et l'on ne rasera ou frisera jamais à l'œil. Le socialisme français a tourné cette difficulté en fabriquant le député à la barbe taillée. Et taillée par son possesseur lui-même ! On ne rase plus gratis ; on fait mieux : on ne rase plus du tout ! Et si l'électeur s'écrie : « Monsieur le député, vous nous aviez promis, concernant le rasage, que ce serait gratis ! », l'enseignant-député répond : « Eh bien ! vous avais-je menti ? Laissez pousser votre barbe et taillez-la vous-même ! Ça ne coûte rien. Je donne l'exemple et tiens ma promesse ! » En vérité, il ment, une fois de plus, et ne souhaite pas qu'on l'imite car s'évanouirait son prestige.

*

L'enseignant-député est extrêmement vaniteux. Le soir, avant de se coucher, il se plante tout nu devant son armoire à glace, se ceint de son écharpe tricolore, se caresse la barbe et bombe un torse coulé dans le bronze, comme Balzac. Son épouse, qui ronfle, a des réveils inquiets. Est-ce que son député de mari ne va pas la tromper, à Paris, avec une militante ? Autre crainte : ne se convertira-t-il point à l'homosexualité à force de fréquenter Me Gisèle Halimi ? Naguère, il n'échappait pas à sa surveillance quotidienne. Elle connaissait ses heures de cours et, l'été, elle le bouclait dans la caravane qui, sur les routes, ondulait de l'arrière-train en roulant vers la Méditerranée. Maintenant, comment savoir s'il siège ou ne siège pas, s'il a des réunions de commissions et s'il ne couche pas avec des secrétaires parlementaires ? Ce qui la rassure, c'est qu'il se tient très mal à table. Qu'il y est absolument répugnant surtout lorsqu'il mange du poisson dont les arêtes se fichent dans sa barbe humide de sauce blanche ou de beurre fondu. Les actrices, pense-t-elle, bien qu'elles soient socialistes (encore qu'elles eussent préféré Rocard à La Mitte) seront saisies de dégoût à la vue de ce spectacle immonde et repousseront les avances provinciales des enseignants-députés en goguette. Habituées en outre à recevoir en cadeaux des orchidées et des tubéreuses d'Afrique du Sud, elles jetteront à la poubelle les roses offertes par les enseignants. « C'est encore des roses que m'envoie le député de l'Aveyron, Pilar ? Je ne peux plus les voir. À la poubelle ! »

*

On n'imagine pas l'inexpérience de l'enseignant-député avec les femmes ! Elle est inouïe. Dans le train Cahors-Paris, il faisait la cour à une secrétaire et finit par lui avouer, pour l'éblouir, qu'il était député. Curieusement, il n'ajouta pas « socialiste » car la secrétaire était si jolie qu'il craignit qu'elle ne fût de droite. Elle, fine mouche, avait remarqué qu'il portait une montre de moyenne qualité, que sa cravate était trop verte et que sa serviette, à grosses ferrures de métal jaune, ressemblait à celle d'un représentant en peignes et mauvais parfums. Elle accepta tout de même l'invitation à dîner que lui proposa le barbu. Ce sera le désastre. Il l'emmènera dans un restaurant dont les nappes seront en papier et où les garçons auront un crayon derrière l'oreille. À la fin du repas, il sortira un portefeuille dont il extraira des billets soigneusement pliés et vérifiera l'addition en se caressant sombrement la barbe. « Et avant d'être député, qu'est-ce que vous faisiez ? » « J'étais enseignant. » « Et vous enseigniez quoi ? » « La gymnastique. » « Ah ! Je vois... » dit-elle. Et elle voit, dans une cour de récréation, un type en maillot de corps qui tantôt siffle, tantôt dit : « Un, deux, trois, quatre ! » C'en est trop. Le barbu la dégoûte. Elle lui dit : « Excusez-moi, je vais aux toilettes... » Elle se leva, n'alla pas aux toilettes mais se jeta dans la rue et héla un taxi en maraude dans lequel elle s'engouffra comme une désespérée. L'enseignant-député, quelques instants plus tard, sortira du restaurant, raide d'humiliation. Pourtant, pense-t-il, j'ai dans ma serviette du papier à en-tête de l'Assemblée nationale.

*

Au fil de la législature, son humiliation se fait de plus en plus cuisante lorsqu'il comprend que les ministres et les chefs de son parti, énarques, le considèrent comme un minus tout juste bon à voter des textes auxquels il ne comprend goutte. Sa seule consolation est de penser qu'on l'appelle « Monsieur le député », à Lannemezan, et que son père, instituteur en retraite, est fier de lui. Il estime enfin que le socialisme représente l'espérance de la France puisqu'il lui rapporte 25 000 francs par mois sans compter les « avantages ». Et savez-vous qu'il joue au loto ?

*

Personnellement, ce que je reprocherai le plus au député-enseignant c'est d'être l'image détestable de l'anti-style et de constituer, par sa seule présence, une injure à la poésie. Imaginez — je cite au hasard — Ronsard, Racine, Nerval, Hölderlin ou Rimbaud, députés socialistes...

*

Dès lors, que deviendra la France au cœur de cette disgrâce ? Une gigantesque classe de cancres résolument fainéants et affligés de strabisme à force de se masturber sous les pupitres. Tout enseignant fabrique nécessairement du cancre, dans un collège. S'il est élu député, son champ d'action s'élargit et le pays tout entier se transforme en terre à paître les ovins. On n'échappera pas à cette fatalité. Néfastes face à des enfants, les enseignants ne peuvent pas ne pas constituer un danger mortel si on les incite à élucubrer leur néant non plus dans une salle de classe mais sur les bancs du Palais-Bourbon. Leur néant et ce qui le comble : le ratage. De vrai, qu'est-ce qu'un enseignant, en 1981 (je veux dire un enseignant barbu) sinon un parfait raté ? Et comment sortir ou masquer ce ratage sinon grâce à une barbe ? (De cette conduite, je dirai plus loin le narcissisme.) La puberté passée, le cancre de la classe qui sait qu'il ne sera jamais reçu à une grande école, qu'il ne saura jamais faire prospérer un commerce ou réparer un moteur fût-il de machine à coudre, qu'il est plus mou qu'une tortue sans carapace, qu'il est incapable de manœuvrer une grue ou de lier les sauces d'un restaurant même dépourvu d'étoiles, qu'il manque de poils drus sur la poitrine (les siens sont follets) pour être souteneur, ce cancre, donc, toutes issues d'avenir honorable bouchées, décide qu'il sera enseignant. Activité, entre toutes, la plus fainéante et, non sanctionnée, la plus irresponsable. Un policier passe-t-il à tabac un malandrin ? Celui-ci proteste, rameute la horde avocassière et exhibe ses hématomes. On rétrograde, on révoque le brutal. Un enseignant passe-t-il à tabac, à coups de parti pris et de délires analphabètes, sa classe ? Nul ne lui en fait grief. Un policier, un médecin, un chauffeur de taxi, un Auvergnat qui puise le Vittel au robinet, un électricien, un gangster (etc.) risquent la sanction. Un enseignant, jamais. Il peut vomir sur le grand Condé, noyer Bonaparte dans une baignoire et décréter que Marat fut le vainqueur d'Austerlitz, aucune protestation ne s'élèvera exigeant sa révocation ou — ce qui serait excellent — son emprisonnement à vie pour faute professionnelle.. Massacre-t-il l'orthographe ? C'est pour la liberté ! Ignore-t-il la table de multiplication ? C'est pour ne pas transformer les élèves en perroquets. Lit-il les gazettes, pieds sur la table ? C'est pour initier ses disciples au monde moderne. À chaque fois, cet âne a la ressource de braire un alibi alors que le coiffeur ayant tranché un bout d'oreille à son client — voire la gorge s'il éternue en le rasant — sera traîné en justice. Le cancre pèse donc les avantages de cette profession qui sont prodigieux, les inconvénients qui sont nuls, et décrète : je serai enseignant. Il l'est. Reste qu'il doit manifester, par quelques biais, qu'il est un individu doué d'une vague existence et d'une personnalité point trop incolore. (Ce qui est pourtant le cas.) Un beau matin, il prend alors la résolution de se laisser pousser la barbe. Double avantage : il ne se livrera pas quotidiennement au travail du rasage et son incurable paresse n'en sera pas troublée, au saut du lit ; il sera « quelqu'un » de définissable qu'on appellera « le barbu ». Il existera. Au début de sa carrière, il ne se taille pas la barbe mais la laisse au contraire pousser anarchiquement car il professe des opinions d'extrême gauche qui lui interdisent de brimer toute spontanéité, même celle d'une barbe. Il se contente de froisser celle-ci avec les doigts, au réveil, et se garde de lui infliger la morsure ordonnée d'un peigne fasciste. Il vit, il pense, il proclame ses convictions, grâce à sa barbe. Il n'est que sa barbe. Puis, le temps passe. À l'occasion d'une fête sportive, ou d'une manifestation culturelle donnée à la Maison des jeunes, il rencontre soit une receveuse des P & T, soit une enseignante. Ils se flairent. Ils parlent de Boris Vian. Ils fument des cigarettes. Ils se découvrent un goût commun pour les films japonais érotiques. Ils s'embrassent dans une impasse grouillante de chats abandonnés. Un chien aboie. C'est la nuit. Un noctambule vient pisser dans l'impasse puis n'ose pas déranger les amoureux et s'éloigne, main à la braguette. La receveuse ou l'enseignante frémit un peu de dégoût lorsqu'elle sent des lèvres avides naître de cette barbe mais, comme l'enseignant lui a parlé de Boris Vian et de « l'Amour dans l'île » (de Nokoyama Furushi), elle s'abandonne et se retrouve petite fille, amoureuse freudiennement de son gros ours. Ils se marient. Ils ont deux enfants. Idiots mais enfants. Hideux mais enfants. De ce jour, l'enseignant cesse peu à peu d'admirer les Brigades rouges car il a acheté un barbecue et une caravane. Un matin d'octobre, alors qu'il est en grève sur mot d'ordre de son syndicat pour protester contre le manque d'effectifs et les conditions de travail, il adhère au parti socialiste. Trois mois plus tard, après mûre réflexion, il comprend que son ambition dévorante (ambition d'être élu secrétaire de fédération) restera toujours affamée bien qu'il fume la pipe, s'il ne se taille pas la barbe. Le voici déchiré : va-t-il renoncer à toute sa jeunesse désordonnée de cœur et de tête ? Va-t-il renier ce temps où, en queue des manifs, il cassait des vitrines ? Il s'assied, dans son jardinet étique, sur une chaise longue, considère le barbecue, la caravane, les hanches maintenant trop grasses de l'épouse. Il fait tourner son alliance autour de l'annulaire et pense à ses deux enfants. Oui, il ne gravira les échelons du parti que s'il taille sa barbe. *Alea jacta est.* Quelle heure est-il ? Quatre heures de l'après-midi. Ce n'est pas, habituellement, le moment où l'on se rase mais pourquoi remettre à demain... Il se lève d'un bond.

La salle d'eau. Il est face au miroir. Torse nu. Du savon, un rasoir, des ciseaux. Il taille. Un peu maladroit. (L'expérience et le coup de main ne viendront qu'au fil des semaines.) Il contemple ses poils, sur l'émail du lavabo, avec une sorte de mélancolie puis il relève la tête. Dans le miroir, un autre homme le regarde calmement. Et cet homme ressemble à un futur député socialiste. Désormais il ne peut plus reculer. L'épouse commente : « Ça te va très bien... » Les enfants sont pénétrés d'un respect mêlé de crainte car ils comprennent que leur père a non seulement taillé sa barbe mais ses idées. Au C.E.S., ses collègues le félicitent. Lui-même éprouve combien sa vie se rééquilibre. Il n'aura plus d'insomnies. Il ne s'interrogera plus sur sa barbe. Il n'aura plus ces cauchemars qui le visitaient régulièrement : il était paillasse au Texas-Circus et le clown blanc lui tirait la barbe pendant que les spectateurs riaient. Le clown blanc tirait, tirait, s'éloignait d'un mètre puis relâchait les élastiques et la barbe lui revenait en pleine figure. Sous le choc, il cabriolait en arrière. Ou bien, il était « la femme à barbe » tremblant que les badauds ne découvrissent que ses gros seins étaient remplis de sciure. Fous de rage, ils saccageaient la baraque et lui, n'avait d'autre ressource que de fuir en jetant ses seins dans une poubelle et en ôtant sa jupe. Cauchemars envolés. Il possède une barbe taillée. Vraie. Soignée. On s'aperçoit, à la racine des poils, qu'elle n'est point postiche. Un an s'écoule et il est nommé secrétaire de fédération. Un jour, quand il s'agira de délivrer les investitures, François Mitterrand n'aura pas oublié. « Martial Dugommier, dans l'Ariège, ferait un très bon candidat, lui dit Lionel Jospin. — Je n'ai aucun souvenir de lui, dit La Mitte. — Mais si, c'est l'enseignant barbu qui vous a accueilli à Saint-Girons. — Ah oui, le barbu... Je vois... », dit La Mitte. Jospin le sonde, et constate qu'il n'entend rien aux nationalisations, n'a pas la moindre idée sur la régionalisation et le problème électro-nucléaire. Quant au Moyen-Orient, n'en parlons pas. « Ce garçon n'est donc pas un rocardien et appartient à notre courant », conclut Jospin. Il court chez La Mitte lui annoncer la bonne nouvelle. « J'ai reçu Martial Dugommier. Il ne s'intéresse qu'au Larzac et souhaite que cette caillasse soit rendue aux moutons. Il est très bien. » « Qu'il soit candidat ! » prononce le pape. L'enseignant sera député. Il est élu. Les parents d'élèves de la Fédération Lagarde, à Saint-Girons, poussent un soupir. Leur président, notaire rue Gambetta, dit aux membres du bureau : « Ah ! nous sommes débarrassés de cet imbécile de Dugommier ! Ah ! si seulement tous les enseignants barbus pouvaient être élus députés ! L'éducation nationale serait sauvée. » « Hélas ! Ne rêvons pas ! » répond la vice-présidente, infirmière en chef de l'hôpital.

Au CES a lieu un vin d'honneur pour célébrer la victoire de Martial Dugommier. Beaucoup de ses collègues sont un peu jaloux mais conviennent de leur erreur : d'une part leur barbe était moins bien taillée ; d'autre part, ils n'ont pas compris que pour arriver dans la vie il ne suffisait pas d'être barbu de gauche mais aussi membre du parti socialiste. À l'issue du vin d'honneur, ils adhèrent en masse.

*

Une des conséquences de la venue des enseignants barbus et socialistes au pouvoir sera l'isolement de la France dans le monde. Pourquoi ? J'ai la réponse. Se tailler la barbe, chaque matin, développe un formidable narcissisme tant cette opération exige des soins précis. L'individu qui, au contraire, se rase complètement, expédie une corvée. De la mousse répandue partout sur le visage, le rasoir qui glisse, le savon logé aux ailes du nez et au bord des oreilles effacé d'un coup de gant de toilette, quelques gouttes de lotion et c'est terminé. Au travail ! Mais le député-enseignant, lui, n'en finit pas d'égaliser ses poils et de tracer la frontière entre sa peau pileuse et sa peau imberbe. D'où les ravages que va opérer, en sa personne, le narcissisme avec les conséquences qu'entraînera celui-ci. Par exemple, le député-enseignant ne comprendra rien au Japon dont les habitants sont tous imberbes, aux États-Unis et à l'Union soviétique où personne n'arbore de barbe taillée. Celle-ci, comme le camembert, est une spécialité bien française mais je ne crois pas que nous remporterons la guerre économique en arguant de la qualité de nos camemberts et de l'habileté de nos députés à se tailler la barbe. Ni Monsieur Honda, ni le général Haig, ni Monsieur Youri Andropov, patron du KGB, ne s'en laisseront conter. Leur suspicion à l'égard de la France sera d'ailleurs augmentée par le double jeu pileux de nos gouvernants. En effet, les observateurs étrangers n'ont pas été sans remarquer que MM. Mitterrand, Mauroy, Delors, Defferre, Fabius (etc.) sont dépourvus de barbe alors que leurs troupes de choc, au parlement et dans le pays, arborent toutes une barbe taillée. Qu'est-ce à dire ? Vers quel type de socialisme s'oriente la France ? Qui dirige le French Socialist Circus ? La perplexité des observateurs étrangers s'augmente de constater que notre ministre de la Défense, M. Hernu, est bel et bien barbu ! « Oui, mais quel type de barbe ? » demande Washington (et Londres, Bonn, Johannesburg, Tokio, etc.). Réponse des observateurs : « Difficile à dire. La barbe d'Hernu est à la fois taillée et non taillée. Elle est hésitante. Elle est infiniment suspecte. Elle réunit en elle plusieurs tendances et peut être considérée à la fois comme radicale, gauchiste et socialiste. » Question : « Vous paraît-elle écologique ? » Réponse : « Elle l'est aussi. » Question : « D'après cette barbe, croyez-vous à la fiabilité de la France au sein de l'Alliance atlantique ? » Réponse : « Impossible de le dire. » Question : « Une analyse plus poussée indique-t-elle que cette barbe est pacifiste, voire neutraliste ? » Réponse : « Ce n'est en tout cas pas une barbe de légionnaire et elle ne paraît pas belliciste. Elle a en revanche quelque chose de noceur et certes ce n'est pas avec des fêtards qu'on gagne les guerres. Moscou, d'après ce que nous savons, ne semble pas redouter la barbe de Monsieur Hernu ! » Question : « Pourtant les valeureux soldats de 1914 étaient appelés les Poilus. » Réponse : « Les Poilus portaient la barbe par nécessité et celle-ci était farouche. Aussi bien la barbe d'Hernu et celles des députés-enseignants n'ont rien à voir avec les barbes de 14. Elles ne témoignent pas d'une bravoure mais d'une idéologie. » Dernière question : « Peut-on confier des secrets militaires et économiques à ces gens-là ? » Dernière réponse : « Non ! » D'où l'isolement de la France et son refuge dans un narcissisme condamné à l'éloge du camembert et des nuages s'élevant sur le Larzac, dans le flamboiement du soleil couchant. Nuages non pas provoqués par des manœuvres d'une division blindée mais de l'errance d'un troupeau de moutons conduit par un berger portugais. Autre hypothèse : nuage soulevé par le cortège de voitures qui accompagne M. Mitterrand venu s'incliner, ici ou là, sur une tombe.

*

En effet, à peine l'enseignant est-il élu député, qu'il adore les tombes et les monuments les plus répugnants. Dès qu'il aperçoit un barbu statufié (et presque tous nos monuments dressés sur nos places ne représentent que des sinistres représentants de cette espèce) il court ventre à terre déposer une gerbe et, en somme, s'autogerbe pendant que la musique municipale, dans ses clairons, pousse de si mornes couacs que les morts se réjouissent de ne plus hanter cette terre. J'ajoute que le député enseignant ne sait pas danser. (Aucune annale ne signale l'existence d'un danseur barbu.)

*

De l'origine de la barbe enseignante, nous savons peu de chose. À l'évidence, l'instituteur et le professeur entendaient par là marquer leur supériorité sur leurs élèves imberbes. Symbole d'âge, de savoir, de sagesse... « J'ai du poil au menton, mes enfants, et donc je vous régente. » C'est l'explication la plus simple et certainement la plus juste. Grâce au socialisme (qui pourtant proclame que « les Français sont adultes » !) la France n'est plus maintenant qu'une salle de classe. Autre explication : l'enseignant contemporain est un flemmard invétéré nourrissant la peur du risque, de l'aventure et de la responsabilité et, partant, dépourvu de menton. Ce qu'il dissimule par le port de la barbe. (Cf. M. Hernu. Il s'intéressait à la chose militaire mais n'avait aucun menton, comme les danseuses de Degas. Quel capitaine aurait pu prendre au sérieux une danseuse ? Hernu, alors, longtemps avant de devenir ministre, adopta la barbe car il savait que sans menton — et sans profil — il lui serait impossible de passer les troupes en revue.) Et l'une des inexplicables erreurs du gouvernement socialiste aura été de nommer une femme, Mme Cresson, ministre de l'Agriculture. On attendait Pisani, dont la barbe de toucheur de bœufs — bien qu'un peu trop soyeuse — eût impressionné les négociateurs de Bruxelles et inspiré confiance, par lourds relents millénaires de mémoire, aux paysans. On attendait Pisani. Ce fut Cresson. Femme. À barbe ? Même pas. Femme tout court. Sans aucun duvet. Peut-être se rasait-elle les jambes et, à Bruxelles, puisque la voici ministre, découvrira-t-elle des mollets poilus ? Certains l'espèrent. Reste que le poil aux jambes ne remplacera pas le poil aux joues pour bien conduire les négociations agricoles.

*

Qu'on nous entende : nous portons aux vrais barbus une réelle considération. Nous admirons Homère, Sophocle, les vieillards de pierre à la barbe ondoyante représentant des fleuves, les guerriers assyriens, les grognards de l'Empire, Tolstoï, Dostoïevski et même Victor Hugo. C'est uniquement à la barbe enseignante — et taillée — que nous en avons et notre répulsion s'aggrave quand elle siège au Palais-Bourbon. La barbe spontanée ne nous déplaît point. Même lorsqu'elle est taillée (barbiche, bouc, bouquet, épi, impériale, en collier, carrée, etc.), nous lui sommes indulgents à condition qu'elle s'inscrive dans une époque historique et nous signifie un virilisme pilaire reflétant des mythes sociaux acceptables. Nous n'avons rien, par exemple, contre la barbe d'Henri IV ou le bouc de Richelicu. Au contraire. En revanche, la barbe enseignante, taillée et maintenant parlementaire, nous apparaît comme sociologiquement inepte, virilement pitoyable et politiquement archaïque. Nous en augurons, pour notre pays, bien des malheurs.

*

Ô ma France, ma belle patrie de raison et de mesure, je vois que tes paysans, depuis toujours, ordonnent amoureusement ton visage androgyne. Ils peignent tes blés d'or, alignent à l'infini la betterave docile et passent en revue tes hauts maïs au garde-à-vous. La luzerne est égale qui fut précisément semée. La vigne ne cahote point sur la colline et ne se gondole point sur la plaine. Elle recouvre la peau de son égide lisse et verte. Elle ne renie pas l'espalier où elle s'enlace. Ta forêt, elle n'est pas vierge mais se soumet de noble gré à la pénétration de somptueuses allées ou de chemins qui ne folâtrent, mutins, que d'apparence. Ô ma France romane et, soudain, en coup d'humeur géniale, toute soulevée par les vagues gothiques crêtant leurs cathédrales à l'horizon de tes mille collines. Mais cet ordre toujours qui fait danser au pas tes jambes de cavale. Ma France des rues de tes bourgs et de tes villes tressées en laine de pierre infiniment savante. Tes toits de tuile grise ou d'ardoise blonde s'écaillant en cascades sous la pluie normande ou le soleil de la mer latine. Tes fleuves paisibles déroulés posément vers la pâmoison des estuaires ; tes maçons siffleurs, merles blancs qui bâtirent Versailles ; tes grenouilles aux sauts précis qui refusent avec dédain de battre des records américains ; ton pain au gramme exact ; tes courtisanes à la langue non moins exacte ; tes soldats qui mesurent tous 1,68 m et ton illustre mètre-étalon qui fit tant de justes petits ; tes bœufs, dans tes étables et tes champs, aux cornes d'abondance non ostensiblement profuses ; tes fleurs, roses et lys, non rêveuses de tropiques et d'insectes lascifs ; tes abeilles pompeuses du miel du manteau impérial. Cette idée claire que tu es, ma fille, mon épouse, mon amante, ma mère. Et je n'irai pas oublier ta cuisine qui mêle savamment et discipline tous les goûts lorsqu'elle n'en improvise pas, de plus subtils encore, par caprice inspiré de chef à la toque gonflée mais qui jamais ne s'envole. Devant lui, l'héroïque alignement des casseroles ! Allons, c'est l'heure ! Rougissez, fourneaux ; tremblez, chapons ! Jouissez, crèmes, d'être fouettées ! Bâillez, huîtres modestes !

Nous fûmes aussi le royaume des fabuleuses perruques et nos dames allaient, par salons et bosquets, le chef orné de caravelles, de châteaux, de pyramides, de cascades figées, de nids d'alcyon et de sérieux bouquets. Cheveux domptés par le friseur,

France, comme tes chevaux par le maître de grande école au centre du manège où tournent les pur-sang. Enfin, je loue ta prose, polie et ronde comme un genou de vierge, pure comme la colonne, claire comme le cristal, brillant du doux soleil d'Île-de-France et qui, échevelée par des vents germaniques, garde même une allure, en ce théâtre clochard, de reine mal attifée. Mais de reine. Prose de roi, prose de cour amoureusement dessinée et non de forêt ténébreuse. Prose à dire dans le jardin... Prose aux membres lisses, aux veines bleues sous la peau blanche, aux cils de femme sage, à la gorge ferme et rien que devinée. On te viole, on te lacère, on t'affole d'adjectifs et de métaphores, on te baise mais nul n'arrive à te transformer en mégère anglaise ou en virago allemande bafouillant sombrement. Hegel se poudre pour te parler et Shakespeare, à ses mollets, accroche des rubans. Je t'adore. Et si je te trompe, parfois, ma maîtresse, c'est pour mieux t'adorer, regard noyé de dévotion vers ton visage imberbe. Alexandrin ! Le vers aux douze syllabes, le toit de la beauté — à double pente — posé sur tes douze colonnes et la frise du sens qui court sur le portique. Alexandrin ! Le vers français par excellence de mesure. Pente que le souffle escalade pour se mourir, crête passée, dans le vallon de la rime. Riche parfois sans nulle honte. Envol de vers. Il se balance (comme Zimbano, trapéziste voltigeur du Texas-Circus), il vole, il va tomber, il lâche la barre au milieu de l'envol, rattrape l'autre balancée au milieu de l'hémistiche — et se pose gracieux et cambré, sur la plate-forme de la rime. C'est ça, la France. Zimbano n'adhérait pas au parti socialiste.

*

Je célèbre maintenant, en cadence, Couperin et ce fou de Rameau. Ou Debussy aux pudiques soupirs — ô frissons d'eau sur de la mousse —, enchanteur dont les transparences diaprées en cloisons construisent l'épaisseur. De nos peintres, je module le chant de la parfaite peinture. Une jambe cambrée d'un marquis de Watteau et qui dira s'il marche ou danse vers Cythère où Vénus, « imminente luna », conduit les chœurs ? Ou bien, sur les barricades, une Liberté qui n'a pas un visage de gueuse. Un coquelicot pour l'éclat d'une robe blanche, dans le champ qui dévale en riant. Un radeau où s'architecture, dans un triangle impeccable, une pyramide de naufragés en pierre vivante. Une blanchisseuse qui bâille. Des nymphes qui dorment, en paix, dans l'étang du cadre. Et le fusain japonais de Matisse dessine l'olive ovale d'une belle sans barbe. C'est ça, la France. Au Texas-Circus, Marcus, le lanceur de poignards, jamais ne perça le cœur d'Aramanthe-la-Blonde dont il était amoureux. Il lançait. Les poignards sifflaient et se fichaient tout près du corps aimé. Et lorsque, sourire inaltéré, Aramanthe-la-Blonde venait saluer le public, son corps absent vivait encore, sur la planche, dans le pointillé des poignards. Ô ma France, je ne te poignarde que sur le pointillé de tes frontières. Applaudissez et, dans son maillot de strass, de la planche elle se détache et, immortelle, vous salue. Marcus, que j'interrogeai, m'avoua n'être point socialiste. Il me dit : « Dans le monde, nous ne sommes pas cinq artistes à pouvoir réaliser ce numéro... » En effet, comment former un parti, avec cinq artistes du poignard ?

*

Que va conclure tel individu au front barré par les rides d'une conviction partisane de cet éloge de ma France de bon pain et de bon rythme, de mesure et de propreté tracée, de langue sûre et de jardin dressé, de ma France ponctuée pour que son souffle ne soit point ahan ou râle ? Dissimulé derrière une colonne du Palais-Bourbon, il guettait mon écriture mais je voyais poindre sa barbe. Non point faunesque, qui eût été de l'Ægipan violeur de nymphes, mais institutrice et peignée par l'ignare méchanceté du ratage.

Ma France, ma belle, ma mère bonne, ma belle pute, ma tourterelle pleine de seins aux rires qui roucoulent du profond de ta gorge et qui me séduisent et vers toi me jettent depuis toujours et mes enfances, toi que j'aime étalée et pâmée sous mon regard, du haut de l'avion ; toi que je bois de tous mes yeux, assis dans le train qui fuit et te caresse de sa bouche de feu ; toi dont je martèle le sol de ma canne par monts et par vaux ; toi qui m'as baigné dans les rivières de lait et perdu dans tes forêts où je dansais, conduit par Brocéliande... toi... toi... comment te nommer socialiste ? Au secours ! Et sonne de l'olifant, Roland, ils m'ont volé ma France ! Est-ce que je ne sais plus ? Est-ce que je ne te connais plus ? Comment ton ventre étrange a-t-il pu porter, dans la chaleur de tes entrailles, Racines et La Mitte, Andromaque et Mme Édith Cresson, Chateaubriand et M. Hernu, Rodrigue et M. Le Pensec ? Quel malheur, quelle sécheresse a tordu et fripé tes ovaires pour que tu couves pareils nabots dont t'aurait engrossée, par surprise, un bon gros Jean Jaurès ? Mais qui c'est, celui-ci ? Mais d'où sort-il et ressort-il, ce barbu abêti par son siècle finissant ? Mais dites-moi enfin quelque chose de lui ! Une phrase, un mot, un vers, une chanson qui prononcerait de cet homme la grandeur et une autre immortalité que celle gravée sur un fronton d'école ou sur une plaque rouillée de boulevard. Jean Jaurès, Blum... les barbus ont déterré les fantômes et les désignent comme nos pères. Certes je n'en veux pas. D'eux, je me proclame orphelin et, entre tous, l'héritier le plus indigne. Par la plus cauteleuse des filouteries, ils veulent truquer ton passé, ma France, et gâter ma mémoire de fils de roi. Blum, mon papa ? Et qui aurait été le géniteur d'un curé du nom de La Mitte dont désormais je serais le fils et le sujet ? Mon Dieu, à ouïr cela, je crie ma barbarie de Gaulois, mon orgueil de Romain, ma noblesse capétienne. Jaurès, jamais ! Blum, jamais ! Et que le plâtre de leurs statues éclate sous mon marteau. La Mitte — ou ce ténor gonflé de bière qui s'appelle, me dit-on, Mauroy — jamais ! Et pourquoi ? Mais parce que c'est trop bête et qu'ils sont la banalité à la fois sinistre et plate du monde : socialistes. Dans leur tête, grésille cette idée, émise par une pile usée, que l'aplatissement de l'homme est l'avenir de l'homme et la médiocrité de ma France le bonheur dégoûtant des Français. La terreur glace mon sang à les entendre et redouble quand ces propos tombent de bouches barbues.

*

De cette décadence, je fus le prophète dès que j'aperçus un barbu, vêtu d'un pantalon de velours côtelé et d'une chemise à carreaux, traire une brebis après avoir lu *Le Monde.* La malheureuse bête bêlait de douleur, tant son trayeur était maladroit, et appelait en vain les gendarmes qui auraient mis fin à son martyre. Hélas, point de gendarme à l'horizon. Rien que des hordes d'instituteurs fumant leur pipe bourrée de tabac (anglais !) ou tortillant une cigarette de H. « Je suis perdue, bêlait la brebis, le socialisme est en marche ! Où est le temps où mon maître était un berger réactionnaire aux doigts experts à presser mes pis ? » De ce jour, je compris que La Mitte et ses enseignants allaient être appelés à traire la France. Impunément. Déjà, dans toutes les écoles, les barbus étaient à l'œuvre. Depuis des années, fesses écrasées sur les enfants, ils avaient couvé des portées de petits gâteux qui étaient maintenant éclos et qu'ils avaient nourris de becquées de vers socialistes. Déjà, des enfants au berceau portaient barbes touffues. Autre signe suspect : plus La Mitte perdait du poil et devenait glabre et plus, par servilité, ses ouailles devenaient poilues comme pour compenser la stérilité pileuse de leur maître. Il est vrai que celui-ci, âgé de soixante-cinq ans, ne pouvait pas arborer de barbe pour cette raison qu'elle eût été blanche et que le socialisme eût présenté aux Français une mine de vieillard. Comment alors s'écrier qu'on en appelait à la jeunesse en pointant vers elle une barbe de neige épaissie par soixante-cinq hivers ?

*

Si jeunesse savait ! Si vieillesse pouvait ! En un tournemain, le socialisme mitterrandesque a résolu la contradiction du célèbre adage en produisant aux yeux du monde étonné ce monstre inédit : le parlementaire enseignant. Il sait puisqu'il est barbu. Il peut puisqu'il est jeune. Et que sait-il ? L'homme ! Et que peut-il ? Le socialisme. Et quoi est l'homme ? Rien s'il n'est pas socialiste. Et que peut-il ? Tout s'il adhère au parti. La barbe, ce fut la trouvaille. On observera en effet que tant que le socialisme fut imberbe en cette cinquième République, il végéta lamentablement. Puis explosa mai 68. Comme les enseignants et leurs ouailles passaient leurs nuits du côté du quartier Latin, à dresser des barricades, à incendier des automobiles et à sauter au-dessus de feux de cageots, ils avaient des aubes épuisées et, forcément, faisaient la grasse matinée. À midi, lorsque le réveil sonnait, impossible de trouver le temps de se raser ; il fallait courir sur les lieux du combat et assister aux réunions et assemblées générales. Du désespoir des coiffeurs et des fabricants de crème à raser, la Révolution se souciait comme d'une guigne. Enseignants et étudiants, hardis capitaines aux nefs emportées par les tempêtes révolutionnaires de mai, qu'aurait-on dit de vous si, au retour de vos navigations, vous étiez apparus peignés et rasés de frais comme des yachtmen ploutocrates ? Tout combat (voir « les Poilus », « les Grognards », voir Tabarly vainqueur de l'Océan abordant aux rives bretonnes) suppose que l'on maltraite sa carcasse. Un soldat, un conquistador, un marin, méprise l'after-shave. Un révolutionnaire de mai ne perd pas son temps à se raser. Il a autre chose à expédier — et de plus urgent : jeter bas l'ancien monde. La mitraille fait rage, la vague déferle, la réaction s'arc-boute et ce n'est pas le moment, devant son miroir, de se taquiner le menton à coups de blaireau. D'où, en mai 68, la naissance et la prolifération des barbes. Ajoutons à cela qu'elles donnaient aux visages un aspect farouche qui n'était pas de trop pour intimider les CRS obligés par le pouvoir à être impeccablement rasés derrière leurs masques de Plexiglas.

Il en fut ensuite, de mai 68, comme de toutes les révolutions : elle rentra dans l'ordre et le pouvoir, cet innocent, put croire qu'elle avait avorté. Cette naïveté ne fut pas la mienne car je constatai qu'elle avait laissé, derrière elle, un nombre inquiétant de barbus qui peuplaient nos écoles et tous autres lieux où l'enseignement sévit. La publicité capitaliste avait beau vanter les mérites de ses nouveaux rasoirs électriques et de ses lames à double effet qui tranchent le poil avec de plus en plus de douceur, l'armée soixante-huitarde ne renonçait pas à la barbe. Un discours de de Gaulle lui ôta les pavés des mains mais point le poil des joues. Et là était le danger. Endigué dans la rue le socialisme poussait sur les faces. On se livra alors, du côté des sacristies du PS à de subtiles analyses. J'en résume les points : 1) La majorité ne compte pas de barbus ; 2) Mai 68 a vu éclore des dizaines et des centaines de milliers de barbes que nous nous devons de récupérer ; 3) L'avenir de notre opposition passe par la barbe ; 4) Mais les barbes modèle 68 risquent d'effrayer une partie de notre électorat potentiel ; 5) Il est donc nécessaire d'élaborer une double stratégie : d'une part faire les yeux doux à tous les barbus (drogués, hippies, écologistes, zombies de la société de consommation devenus potiers, éleveurs de chèvres ou loubards de communautés cévenoles, séparatistes bombeurs de slogans, pacifistes, taulards, écrivains, guitaristes de trottoirs, etc.) mais se garder d'oublier que ceux-ci ne peuvent constituer qu'une masse de manœuvre et d'agitation et non pas une armée capable de nous ouvrir la voie du pouvoir. Donc, d'autre part, organiser cette armée. Évidemment, sous le signe de la barbe mais, cette barbe, présentée sous une forme rassurante et capable de nous rallier les gauchistes sans nous rendre suspects d'anarchie ; 6) Cette barbe idéale est toute trouvée. Elle est celle de nos enseignants. Propre et taillée. D'allure militante mais en ordre. Elle offre en outre cet avantage de pouvoir être rassemblée en un véritable corps de troupe homogène. Rien ne serait pire, en effet, que de s'appuyer sur des barbus s'avançant en ordre dispersé et jouissant, du fait de la diversité de leur style de vie, de pensées particulières induisant comportements imprévisibles. Avec les enseignants, aucun risque : ils pensent tous la même chose, ils se comportent tous sur un patron uniforme. Ils sont tous et le même. Sur la piste du socialisme, ils tourneront la même ronde, comme les chevaux de M. Franz, du « Texas-Circus ».

*

Contrairement aux prophètes d'Israël que le don d'oraculer ne visite qu'à condition de secouer d'énormes barbes sur les remparts de Sion, c'est rasé que nous prophétisons l'horreur, la mort, la fin du monde sous le socialisme. Que nous définissons, d'abord, une fois de plus. C'est une chauve-souris au ventre bombé qui grouillasse de vers et qui à chaque couinement éjacule des fientes puantes sur le jardin des Tuileries et les tombeaux des rois. C'est une nuit grasse qui se dépose sous les ongles et souille les draps lorsqu'on les griffe, la nuit, au cours de cauchemars qui voient voler, dans la chambre, une outre rosâtre et belge, ce Mauroy aux mains blêmes et fines jusqu'à l'équivoque. Les mains de ce Mauroy se sont trompées de corps. Il s'agit d'une greffe, d'une chirurgie obscène pratiquée à Casablanca, en catimini, à coups de dollars dissimulés dans les soutes de l'avion Lille (Belgique) - Maroc (Afrique). C'est une caverne au sol de fungus spongieux où résonne la voix à triple langue et suave de ce La Mitte dont l'addition kabbalistique des lettres est maudite. Ciseaux rouillés massacreurs d'ongles sur ma table, encrier où croisent comme des cadavres de têtards des fragments du buvard déchiré, graisse jaunâtre sur le bord froid de l'assiette, bois de chiottes jamais lavé, crayon mordu par l'employé de bureau hystérique, lauréat du « Prix Flanelle » au dernier Concours de bandages et érections qui s'est tenu à Épinay sous la présidence de ce Jospin à la toison blond-nègre, trace de pisse noire qu'un trop long été a séchée sur le trottoir du boulevard Malesherbes, à l'angle de la rue Cernuschi, cheveux balayés par le coiffeur de la rue de Maubeuge, dans le IXe, cheveux de vieillards plus morveux que des enfants malades, Esquimaux lubriques et qui coïtent sans se dévêtir de leur cuirasse de saindoux, cannibales aux dents limées pour mieux dévorer *Le Monde,* plié en pâté dans un sandwich de bananes, maquereaux à hélices, sur ma table une bougie mouchée qui agonise dans sa cire rose, rat en tutu, crevé en scène et enterré sous une musique de ce voleur de Haendel, pastèque dans la mare, honteux crachat sur une médaille de Pisanello représentant Jean Paléologue empereur de Byzance, vidangeur plus alourdi d'hémorroïdes que de grappes une souche de septembre, ô atroce vision... Légion d'honneur en forme de bitte réformée, accrochée à la boutonnière d'un général trafiquant d'anchois mortels à l'huile de camion, libraire pendu à une chambre à vélo indonésienne, miel ou pus on ne sait pas, globule ou globe du travesti explosant d'hormones, denrée de cargo répandue en flaques, dans la soute culottée, du côté de la mer des Sargasses, vent immobile, nerfs en forme d'hyène, fenêtre crevée, bout du monde sur un piton lépreux, alcoolique buveur de mégots broyés dans des larmes ivrognes, ananas décédé dans une botte de postillon impuissant, fausses dents, fausses dents, fausses dents, faux poils collés sur la poitrine du Joxe et du Cot, hurrah ! Nous venons de définir le socialisme. Nous ne le porterons pas en terre par respect pour le bois du cercueil. Non brûlé par amitié pour les flammes. Non enterré par amour de la terre. Qu'en ferons-nous ? Cela est la plus grave des questions. Mon Dieu, mon Dieu, toutes ces barbes sur tant de cadavres ? Faudra-t-il raser les morts ? Une expédition est partie, annoncent les dépêches, pour on ne sait quel continent triste. Elle emporte dans des containers scellés, en plomb, des tonnes de poils de barbe du socialisme radio-actif et qui furent capables de contaminer tout un peuple qui fut français. L'alerte est donnée dans tous les ports du monde où les dockers ont annoncé qu'ils refuseraient de décharger la cargaison maudite du cargo errant sur les mers. Il faudra la débarquer maintenant sur une côte perdue de quelque Afrique ou Amérique, la transporter à dos d'iguanes, à travers des marais infects et des forêts mortelles, jusqu'au cœur d'une Amazonie où elle sera enterrée à mille pieds sous les fumiers de la jungle. Alors, un jour, une autre dépêche nous annoncera que les sorciers de la tribu des Chevenamentos ou des Jospi portent barbes qu'ils taillent curieusement. Alors nous saurons que le socialisme, partout oublié par les peuples dont la mémoire refusera même de se souvenir combien il les accabla, a trouvé refuge chez des sauvages zoopithèques irradiés qui sont heureusement les derniers à en mourir.

*

Des ingénieurs avaient pensé qu'on pourrait brûler les poils. « Et l'air contaminé ? » répondirent des commissions de savants. Vrai que le socialisme, ça se respire et que ça étouffe. Qui ne se souvient de ce spectacle pesteux lorsque son nuage s'abattit sur la France ? D'hommes, jeunes encore, titubant dans nos jardins publics et vomissant sur les gazons des boules de discours de La Mitte ; d'ouvriers buboneux s'écroulant sur leurs machines folles et qu'ils maîtrisaient naguère joyeusement ; de boulangers hagards se jetant dans leurs fours ; d'enfants à la mamelle crachant le lait des nourrices militantes au sein souillé par la carte du parti glissée dans le soutien-gorge ; de couvreurs roulant des toits et s'écrasant sur l'asphalte, après avoir vu, dans l'appartement, de l'autre côté de la rue et à travers une fenêtre, le Belge Mauroy à la télévision. Et tant de bébés avortés, frappés de peste rose, fœtus de trois mois, déjà barbus, et que les égouts avalaient dans leurs gueules de ciment béantes. Ce fut, c'est et ce sera cela le risque du socialisme à Arcachon et à Paris. Radis blets, salades défrisées, chevelures de femmes devenues torsades de spaghettis. Impossible d'avoir un bon orchestre, dans ce putain de pays où cassent toutes les cordes des violons. Nous ne pouvions plus admirer, sur les étangs de Sologne, un coucher de soleil socialiste : le cœur n'y était plus. « Je ne vous demande pas votre permis de conduire, nous disait le motard de la gendarmerie, mais votre carte du parti ! » Plus de France, nulle part. Plus de goût de France dans la bouche, tant le socialisme a la haine des saveurs. Même un doigt de pied émergeant de la cuirasse de sable dont on s'était revêtu, sur la plage d'août, devenait absurde. « Mon pauvre orteil, lui disais-je, comment échapperas-tu, bien que tu sois imberbe, à la dictature barbue de la sottise égalitaire. Tu es trop gros, mon fils, et ils voudront te trancher... » Je sais toutes les tristesses. J'ai entendu nos cathédrales pleurer des larmes de pierre en voyant maires et conseillers socialistes déposer des gerbes sur la place de l'église, devant le monument aux morts. Versailles qui regrette d'avoir été bâti et l'herbe de Bagatelle qui demande, au crépuscule : « À quoi bon pousser, désormais ? » Quant au gynécologue scrupuleux, il se demande, devant la femme enceinte, pourquoi mettre au monde une vie de plus, dans un monde qui se meurt. C'est la vraie mort, le socialisme. Les barbes poussent sur les joues des cadavres. C'est la preuve.

*

Nous fûmes gouvernés par des instituteurs morts. On eut raison de le dire : dès le 10 mai, dès qu'un croque-mort alla déposer des roses sur les tombes du Panthéon, la France changea de visage. D'un coup, tout avait la ressemblance qui est celle de tous les cadavres. Napoléon ressemble à Pascal qui ressemble à Savonarole auquel ressemble La Mitte. Morts. Morts ! Tout était masque de plâtre. Et plâtre le biscuit dans la bouche, et plâtre délayé le vin antique, et plâtre le plus beau mot, et plâtre le sein de la femme. La Joconde, tête tranchée. En place, la face de Mauroy. Là-bas, les Grecs qui tremblaient : l'Aurige de Delphes allait-il avoir la tête de La Mitte ? Du plâtre, la poussière tombant sur la forêt de Senlis et les toits de Chenonceaux ; les paysans de Millet, à l'heure de l'angélus, contemplaient, yeux baissés, des patates de plâtre barbues de radicelles ; les capitaines de vaisseau, à Brest, descendaient les escaliers de fer, se ruaient dans leur cabine et interrogeaient leurs miroirs. Avaient-ils voulu cela, eux, tant poilus des joues ? Hé quoi, la barbe qui disait les bravoures et les lames vaincues, du côté du Cap Horn, était-elle désormais l'enseignant emblème des défaites de la flotte n'osant plus sortir du port ? Les marins, d'une seule volée de rasoir, se rasèrent. J'y vois une espérance. Mais je n'oublie pas ces jours du mai le plus sombre du monde où même mon encre m'était suspecte. Moins soyeuse que d'habitude, moins souple et peut-être, l'œil s'hallucinant, ayant sous sa robe noire d'obscènes jupons roses. Et ma plume n'était-elle point devenue hallebarde sur la pointe de laquelle allaient se ficher les têtes de tous les Césars auxquels, depuis ma naissance toujours recommencée à travers les siècles, j'avais juré ma foi ? Je me brossai les dents. Du tube pressé jaillit la pâte... rose ! Quoi ! le socialisme avait-il pourri même mon dentifrice ? Mets-toi en garde, soldat, cette couleur est désormais ton ennemie. Que ta fleur au fusil ne soit plus une rose ! (c'est un alexandrin).

Je le connais, le rose des nouveaux maîtres de l'école France. Le socialisme ? Mais pourquoi le combattre ? C'est une nature, c'est la nature et la terre qui tourne. Pluie et soleil, hiver et printemps, le mouton porte laine et barbe l'enseignant, le sel est salé et le pigeon vole. Fatalités. Nécessités. Votre bonheur sera de vous y soumettre. On ne lutte pas contre ce vent, ô nautonier, on lui offre sa voile pour qu'il la gonfle comme un sein de son lait grenadine que tétera le peuple.

Le socialisme, comprends-tu, c'était l'Être cathare de la France qui jusqu'à présent roulait à l'abîme, entraînée par la masse de perdition de ses péchés. Elle vivait, impudique, hors de la sainte morale. Elle vivait, tu entends, et je le hurle, la catin pécheresse ! Elle était contaminée. Nous la vidangerons de siècles microbiens. Nous avons été élus, ÉLUS, pour cela. Oui, ne t'y trompe pas, déjà quand la créature sortit de la mer originelle et rampa sur la vase, déjà elle savait que sa perfection serait, en France, un jour de mai socialiste. La Mitte, président de l'Évolution. Le Belge, Premier ministre, de l'ultime et parfait avatar de l'Être tant obstiné dans son imperfection. Enfin, au Texas-Circus, est venu le temps du lion qui bêle à force de dressage. Fâchiste tête de mule, comprendras-tu enfin ? Tout appelait la mite Mitterrand dans ce tissu. Tout était *destiné,* à l'horizon, pour qu'il apparût au bout de la route et marchât vers l'Élysée. Et seul celui qui ne sait pas lire ne comprend pas que c'était écrit. Dans la graine le fruit et dans le gland humain l'arbre socialiste qui épandra son ombre sur toute humanité. Elle n'existera plus la vie. Elle sera. Apprends à te soumettre au triomphe de l'Être ! De son éternité La Mitte est l'initié, le Belge le choreute et Delors le gardien du delphique trésor ! Ne vois-tu pas que tu es Poucet le Petit dans cette innombrable forêt, caillou dans la manne de blé, loup scandaleux au milieu du troupeau de gorets roses dont la barbe noire — elle est blonde parfois — augmente le charme lardé ? Dans le Tout socialiste, mais tu n'es rien qu'un éclat de néant ! Dans la classe française où officie le prof et où l'on chante laudes à la tranquille Mitte en brandissant des roses, tu es l'élève maigre, assis là-bas, au fond, méchant dans ton sarrau noir. Si tu continues, nous te lapiderons à la récréation ! Le socialisme ne tolère pas les cancres de sa Parole.

*

Tout, le TOUT, socialiste ! ce fut un rude été que celui de sa première ère quand mon regard se fit nouveau. Les seins des femmes, sur les grèves, comment ne pas les soupçonner d'avoir allaité La Mitte et Mauroy ? Les châteaux de sable des enfants : locaux du Parti. La mer grignotant la plage électorale. Les planches à voile prenant le vent opportun. Les langoustines roses — et donc converties, la veste de leur carapace retournée — à l'étal de Madame Bouffigue, la poissonnière. Mon soupçon universel sur toutes choses et sur tous les êtres. Du transistor s'envolait la musique de « l'Héroïque » ou de la 39e en mi bémol majeur et voilà qu'il fallait se demander, sur la terrasse, si Beethoven et Mozart n'avaient pas voté pour La Mitte puisqu'ils chantaient toujours malgré l'événement de mai. Dans un théâtre, on jouait « le Roi Lear » et Shakespeare était donc compromis dans l'aventure rose ? Sur le quai, des pêcheurs vidaient leurs filets gonflés de quoi ? Ciel ! de rougets ! Fuyons. Ils sont partout. Et si un seul enseignant-député socialiste trempa sa paire de fesses (roses) dans l'océan ou la Méditerranée, comment après lui dans cette mer se baigner et de cet océan accepter la vague ? Donnez-moi un billet pour Varsovie, monsieur l'employé. Je vais y haïr, mais en nombreuse compagnie, le socialisme. Dans un premier mouvement, j'avais cru bon de fuir au Canada. Réflexion faite, je devinai Prague plus accueillante à ma détestation. Dans ses rues, je criais : « Socialisme ! Barbe ! Enseignants ! » et les passants se signaient. Ah ! que voilà un beau pays !

*

Alors que vienne maintenant dans ma bouche le souffle de prophétie gonfleur de joues. Sur les portées du vent, j'écris ce que je vois.

Je vois sur mon pays un avenir d'herbe grise. Je vois la laitue racornie au bout de la fourchette du fonctionnaire abominé. Un flacon de parfum, vide, dans un fossé. Des intellectuels roués de coups par des nègres très noirs. Fou de chagrin, le père égorge par pitié sa famille affamée. Le chauffeur de taxi et le camionneur écrasent tout ce qui porte barbe. La Mitte erre dans son palais, poursuivi par des dogues. Il est blême comme une cire molle. Il éprouve, sur son visage, cette horreur : la fonte du socialisme. Ça fond aussi sur sa poitrine, seins qui s'écroulent jusqu'au nombril, ventre qui fuit jusqu'aux cuisses, cuisses qui dégoulinent jusque dans les chaussures. « Mon Dieu, mon Jaurès, dit, souffle rauque, La Mitte, je vais marcher dans la flaque du socialisme. Mauroy ! Mauroy ! Mauroy, où es-tu ? Ici Mauroy ! » « Me voilà, Président ! » bredouille l'autre surgi de derrière une tenture où il cachait sa peur. « Dis-moi, Mauroy, est-ce que tu fonds aussi ? » « Oui, dit Mauroy, j'en clapote déjà dans mes chaussures... » Et La Mitte continue de tituber dans le palais désert aux portes duquel hurle la foule. « Mon suicide ! Une corde pour me pendre ! » Mais le garde républicain, père de trois enfants dix fois arrêtés pour vol, lui répond d'une voix caverneuse : « Il n'y en a plus, Président. Les ménagères ont mangé les dernières, importées de Formose, au marché Mouffetard... » « Garde, dégaine ton sabre et sur ce fer je m'empalerai... *Qualis artifix pereo !* m'écrierai-je ! » Mais l'homme lui répond qu'il ne saurait enfoncer sa lame dans du beurre. Depuis quinze jours, il ne s'est pas rasé, La Mitte (et Jospin non plus, réfugié dans une caverne des Vosges et traqué par des paysans auxquels Dame Cresson a échappé en se déguisant en laitière bègue) et la barbe lui a poussé. C'était fatal qu'un jour il fût barbu. La foule s'impatiente. Il se laisse tomber dans un fauteuil qui s'écroule. Il dit : « Damnation, preuve dernière de mon échec ! Tout s'écroule, même le mobilier national ! Attali, Fabius, Joxe, mes petits, où êtes-vous, pourquoi m'avez-vous abandonné ? » La foule, aux grilles du palais, rétablit la peine de mort pour le socialisme, par un vote à main levée. Assis sur la plus haute fourche d'un arbre de la forêt de L'Isle-Adam, Badinter y grelotte.

« Pourvu qu'ils me prennent pour Tarzan, pense-t-il, ou à la rigueur, ne soyons pas ambitieux, pour un gentil petit écureuil !... » Séguy, inondé de sueur, roule vers la Turquie. En France, il se sait perdu. « Je dirai que je suis Turc. Je porterai des pianos sur le dos, à Ankara. » Edmond Maire a gagné la Norvège où il se prétend lord anglais et onzième comte de Leicester-Chadwick. « Yes, yes ! » dit-il aux passants et aux vendeurs de harengs. « I am not the chief of the french CFDT, I am the earl of Leicester-Chadwick, aoh yes, aoh aoh ! » Partout, la désertion. Dans la salle des conférences du journal *Le Monde,* Jacques Fauvet demande : « Que faire ? Impossible de passer à 100 francs. Rappelons Khomeiny en cette conjoncture. Le socialisme a échoué. » « Les immigrés, appelons-en aux immigrés pour le sauver ! » propose le Conseil. « Quelle dernière nouvelle, Mauroy ? » demande La Mitte à son Premier. « Oh... » fait celui-ci en esquissant un geste mou de découragement. « Le dollar, Mauroy, quelle est sa valeur par rapport au franc ? » « Il n'y a plus de franc, Président, il n'y a plus rien. Plus de franc, plus d'or, plus de travail, plus de chicorée, plus de sardines, rien. On m'a signalé hier quelques coccinelles, à Épernay, sur une feuille de rave. C'est tout. Ah, j'oubliais, un cervelas à Nancy, dans le réfrigérateur d'un boucher. C'est tout. Réserves de la France : trois coccinelles et un morceau de cervelas. Mais qu'allez-vous faire, Président ? Pourquoi décrochez-vous le téléphone ? » « Je vais faire donner les Enseignants, barbe dardée, contre la canaille. Je vais les lâcher contre cette plèbe qui veut m'écorcher. » « Inutile, Président, dit doucement Mauroy. Ils se sont rasé la barbe et, quand la foule les en prie, maudissent votre nom avec des voix de portefaix. » « Alors, dis, Mauroy, est-ce la fin du socialisme ? « Oui, Président, nous avons tué, saigné et vidé ce pays. » Il se tait et ajoute : « Comme un goret. Le peuple, lui, a déjà mangé tous les pigeons de Paris. Et chaque fois qu'il en étouffait un, il s'écriait : « Ça fera toujours un enseignant de moins ! » Partout brûlaient les universités.

Ce sera, dit ma bouche prophète, une fin bien misérable que celle de La Mitte, pauvre vieil homme qui aimait Lamartine et le homard, assis sur un tas de décombres qui auront la forme de la France. Et le pardon des siècles ne viendra pas pour l'attrapeur de rats qui nous vint de Latché (Arcadie résineuse) en jouant de la flûte. Nous savions cela, au Texas-Circus. Buerguefour, le dompteur de fauves, nous disait : « Pas d'illusions, les enfants, les tigres et les lions, c'est beau en cage et sur le tabouret où les perche le fouet. Dans la jungle, c'est couvert de vermine et ça bouffe de la charogne. C'est comme le socialisme. Dans la cage de l'opposition, y a pas plus luisant ; en liberté, c'est mangé par la pelade et comme la maladie, ça lui a troué l'estomac, ça se décompose en diarrhées minables. Au sens propre, si j'ose dire (et Berguefour riait), le socialisme, ça foire. »

*

D'ignobles nous traita l'instit-député. « Périsse la France pourvu que crève le socialisme ! Telle était votre devise ! » Nous lui répondîmes d'un ton vif, ah ! qu'il était bien le dernier qui pût nous parler de la France. « Chiquenaude elle était, dans vos frais délires. Mégot, zéro, journal de la veille, matelas pneumatique dégonflé à la fin de l'été, arête de merlan sur le bord de l'assiette, rognure d'ongle qui vole sous le ciseau et pot de yaourt vide dans la poubelle, nierez-vous qu'elle n'était que cela, la France, à vos yeux barbus d'illettré. Le parti, le parti, le Pé Esse, le Pet Esse, le Pet Est-ce, nous n'entendions que cela dans les rues de votre Babylone quand sur des lits de roses vous forniquiez avec le socialisme. Avale ta carte, gibier de coiffeur ! Tais-toi, cigare crevé ! » Ah ! vous injurier avec des mots d'enfant !... Vous dire qu'avant d'être ennemis vous êtes irrespirables.

*

Tous les chasseurs nous l'ont déclaré : un socialiste, ça se suit à la trace, car il n'est pas de plus mauvais parfum que celui des lotions dont usent les enseignants pour oindre leur barbe. Un seul prof parlementaire dans un champ de lavande, tout bleu de son odeur, et ce champ est vaincu. Un instituteur député français, à Séville, sous les cascades de jasmin qui coulent pardessus les murs du Barrio de Santa-Cruz, et toute l'Espagne mauresque devient inodore. Alors, voici qui n'est pas le moins grave, ils ont désolé la rose. Ils ont réussi ce crime de la rendre insupportable à nos regards. Ils ont voulu que les enfants de France, en latin, ne la déclinent plus pour mieux jeter dans leurs âmes l'oubli des origines antiques de notre langue. Terreur d'être accusés par le noble accusatif ? Terreur d'être abolis par le souple ablatif ? Terreur d'être engendrés par le nécessaire génitif ? En ses cinq cas, ils ont tranché Rosa ma rose. Ils ont, j'écoute leurs sanglots, désespéré les poètes qui tous, sur la musique des mots de notre race, chantaient cette fleur. « Mignonne, allons voir si la rose... » Mais Ronsard se meurt une deuxième fois quand il entend La Mitte murmurer : « Gisèle, allons voir si la rose... » Ou Yvette. Ou Édith. Qui sont Halimi, Roudy et cette Cresson. Il pleure, notre Ronsard. Il songe à sortir de sa tombe, à convoquer tous les fantômes amoureux de la plus belle fleur et à se diriger en cortège de suaires, couronne de laurier sur la tête, vers l'Élysée où trône le profanateur. Le temps n'est plus où Roméo monte à l'échelle, une rose entre les lèvres que respire Juliette. Qui oserait offrir à l'amante un bouquet de fleurs socialistes ? De leur eau rafraîchir son teint pour qu'il soit plus lumineux que leurs pétales ? Nous allons dans la campagne, nous traversons des villages où les roses bondissent en flots au-dessus des grilles des jardinets et le paysan ne comprend pas pourquoi nous traversons le hameau en titubant, les mains tendues. « Es-tu aveugle, voyageur ? » Il ne comprendra pas que toutes les roses nous sont, sur la tige de leur cou, buissons de barbes enseignantes et teintes. Par pans, des temples de la poésie française s'effondrent. Des milliers de vers s'étalent, morts, dans des paludes bourdonnant de moustiques. Le crime fut perpétré. Même les vierges saintes, dans les églises, crachent de colère d'être par des bouquets de roses honorées. Et sainte Thérèse gémit : « Je ne suis pas Édith Cresson ! » Ah ! les diaboliques ! Ils ont choisi, pour enchanter la plèbe uniforme, de lui faire respirer, entre toutes les fleurs, la plus diverse. « Il existe des milliers de variétés de roses... », dit l'ouvrage horticole. Chantons : roses blanches, jaunes et rouges ; rose sauvage et rose-thé, rose mousseuse de ses cent feuilles, rose pompon et de Provins. Chantons le rose bonbon qui fond d'amour sur la langue rose de l'enfant aux joues duquel monte le rose quand le caresse de Marcel Proust la dame en rose au temps où Gilberte lisait des romans roses comme sa bibliothèque à n'en pas douter rose. Chantons l'aurore aux doigts de rose qui se lève sur les roses secrets d'un bonheur-du-jour en bois de rose. Le Chevalier à la Rose mène des deux roses la guerre, à l'infante offre une rose, du Bengale une rose. Chantons des sables la rose et du vent la grande rose. Fraîche comme une rose, la rosière portait combinaison coquine et rose et la chantait cette rengaine qui s'appelait *la Vie en rose*. As-tu goûté, d'un doigt léché, un jour de mai, la confiture de mes roses ? Et monsieur le juge riait en découvrant le pot aux roses. C'est temps perdu. C'est temps passé, y a plus de roses.

Hélas, il y en a. Dans le pot, ils sont allés les chercher. Était-ce, j'eus cette espérance, pour les piquer dans leur barbe ? Le socialisme aurait eu alors quelque chose qui n'eût pas été sans intéresser la poésie. Imaginons la rentrée parlementaire. Ils passent, les profs-députés, devant les gardes républicains et les huissiers, camouflés derrière leurs barbes toutes piquetées de roses. « C'est la forêt de Macbeth, chef ? » « Non, brigadier, c'est Bagatelle qui marche sur le

Palais-Bourbon. Les sorciers l'avaient annoncé... » « Bien, chef ! » Hélas, c'est dans le pot qu'ils fouillèrent pour s'adorner de roses. Au poing. Crime suprême. Hier, à la boutonnière du dandy ou du danseur prolo du Moulin de la Galette et aujourd'hui plantée au creux d'un poing fermé. Ils ont osé, rose, te faire fleurir dans ce pot de haine. Ils te le paieront mais combien faudra-t-il de printemps et de mois de mai pour que tu retrouves ton innocence. Messieurs, mes amis, mes compagnons, nous avons enfin vaincu le socialisme dont vous pouvez contempler, au bord des routes, les caissons éventrés que pillent des soldats ivres. La Mitte s'est suicidée, Mauroy est mort de cellulite ; les Enseignants se taisent et les profs ex-députés jurent qu'ils ne porteront jamais plus la barbe. Vous connaissez l'état du pays et l'ampleur des ruines que ce régime étymologiquement sinistre a laissées derrière lui. Dans nos caisses, des araignées hideuses ; des chômeurs, sur nos quais, par dizaines de millions. Le franc ? monnaie que s'échangent entre eux les derniers singes du rocher de Vincennes qui ne sont pas encore morts de faim. Les lions du Texas-Circus ? Crinière pelée. Chevaux sans queue. Faux nez des clowns introuvables. Prestidigitateurs sans colombes et lapins. Prisons remplies de pères condamnés parce que coupables d'avoir eu leur fillette assassinée. Dans le domaine culturel, que nous léguera ce régime ? Pour toute littérature, des graffitis maudissant La Mitte, sur nos murs. Pour toute musique, celle — concrète — composée par les ménagères tapant avec une cuillère sur leurs casseroles vides. Pour toute peinture, les maquillages de La Mitte apparaissant à la télévision. Nos diplomates violés à Bamako, séquestrés pendant des mois au Caire et à New Delhi, prostitués à Oslo, giflés à New York, battus de verges en Place Rouge et publique, à Moscou ; toréés et mis à mort en plazza de Madrid. Et la Corse par les Cubains occupée. Économiquement, politiquement, culturellement, notre pays est au-dessous de la croûte du fond de l'abîme. Reste, messieurs les députés imberbes, que hisser la France hors de cette fosse n'est pas la tâche qui exigera de nous le plus d'efforts et qui est donc prioritaire parce qu'elle nous demandera des années d'efforts. Cette tâche qui va consister à bander nos forces afin, messieurs, de réhabiliter — vous l'avez deviné — la rose. Oui, la rose, effeuillée, salie, piétinée, ridiculisée, violée, trafiquée, traînée dans les sentines politiques du socialisme. La rose perdue. La rose devenue fleur de sottise et de mépris. La rose morte en sa déclinaison. Déjà, le gouvernement a pris des mesures. Ainsi, le nouveau président de la République a-t-il reçu, hier, les représentants des fleuristes de France et les a-t-il assurés qu'une vaste campagne de réhabilitation des roses serait entreprise. Des subventions seront votées pour les propriétaires de roseraies. Les particuliers qui planteront des rosiers recevront gratuitement graines, boutures et insecticides grâce à des crédits spéciaux dégagés par l'État. Aides également aux couturiers lançant une mode rose. Détaxes d'impôts pour les parfumeurs fabriquant du rouge à lèvres rose afin que les bouches des Françaises évoquent cette fleur. Et cela n'est qu'un premier train de mesures. D'autres suivront. Aussi bien pouvons-nous espérer, dans un délai raisonnable de dix ans, faire que les Français oublient que la rose fut socialiste et lui restituent son statut et sa dignité de reine des fleurs.

Ce discours fut vivement applaudi par l'Assemblée debout. Il eut, le lendemain, un premier résultat : la presse signala qu'un jeune cordonnier du XIe arrondissement avait envoyé un bouquet de roses à sa fiancée et que celle-ci n'avait pas rompu sa promesse de mariage mais respiré en souriant les fleurs. En première page des journaux, on voyait la jeune fille pressant sur son cœur le bouquet. En légende : « Éliane déclare : oui je peux de nouveau aimer les roses. ». En page 2, une interview du fiancé expéditeur : « Je suis un pionnier, j'espère être suivi. Non, je ne suis pas professeur, je n'ai jamais porté la barbe et j'ai lutté contre le socialisme en enfonçant des clous trop longs dans les chaussures des enseignants qui l'avaient porté au pouvoir. »

*

Hélas, nous n'en sommes pas encore là, à l'heure noire où j'écris ces lignes et où seule la langue française m'est recours, sur le radeau que j'ai construit, à coups de plume, afin de flotter sur la mare du socialisme et d'aborder à sa fin. Langue française que je me dois de rendre sonore, exactement, et plus claire pour sauver l'honneur qui, dans ses plis et ses moires, se sera réfugié. De nôtre bourse brodée d'or, nous sortirons les précieux adjectifs, frappés de profils illustres, qui y tintinnabulent. Pour les accorder, nous frapperons les cordes des verbes à coups de doux maillet, l'oreille toute fine d'alerte. Nous dirons aussi comment se manifeste l'intensification des voyelles frappées par l'accent tonique et qui se diphtonguent quand elles ne sont pas suivies de deux voyelles formant entrave, alors qu'en revanche les voyelles atones s'assourdissent et tombent à la finale ou dans le corps des mots entre l'accent secondaire et l'accent tonique. Nuances, alliances, flexions, au secours ! Prétérit adoré, salut. Et toi, mon subjonctif, qui exprime une idée de potentialité et de doute, infusant au verbe la personnalité de l'opinion du sujet, je n'hésiterai pas à ce que tu sois parfait et plus-que-parfait même. Genres, nombres, modes, avancez en bataille. Paradigmes, résistez ! Et de mitterrandiser, je dirai l'impudique inchoatif et affirmerai sa mort, défective par pans. Contre le socialisme, nous dresserons un rempart de grammaires. (Je pense à « Manière de langage » (1396), à « Institutio gallicæ linguale » (de Garnier), au manuel de Serreius de Badonviller (1590), à Vaugelas, à Ménage, à Lancelot, et à Damourette et Pichon (« Essai de grammaire ») sans oublier, traduits par Bloch, les ouvrages de Schwan-Behrens). Un rempart infranchissable derrière lequel il nous sera facile d'abattre la horde enseignante à la barbe illettrée. Cadences, ô exténuer le socialisme, sous le rythme de mes cadences. L'étouffer sous les matelas de périodes somptueuses. L'accabler de rimes riches à milliards. Le transir de sa pauvreté. « Je conviens, dira le Belge, que la situation stylistique de l'expression verbale du socialisme est préoccupante. C'est pourquoi le gouvernement a décidé de nationaliser la prosodie ainsi que la versification sans pour cela établir une discrimination entre les genres non plus qu'entre rimes masculines et féminines. » Quel aveu de défaite ! Quelle bouillie coulant en pâtée de discours le long des barbes ! Quelle honte cachée dans les logorrhées ministérielles ! Il suffira un jour d'affûter une préposition, d'inventer une crase et c'en sera fini de vos pouvoirs. N'est-ce pas, tout triomphe est verbal au bout de toute guerre.

*

Pour moi, je sais lire les signes. À ouïr Giscard et ses féaux, je comprenais que la défaite était proche. En rase campagne technocratique, ils abandonnaient la langue dont la ronflante rhétorique de La Mitte sapait les remparts et les tours. Chaque jour de nouveaux mots, des provinces entières du langage tombaient entre les mains des socialistes. La Mitte elle-même combattait sur ce terrain et ramenait, enchaînés à son char, Lamartine, Barrès, Mauriac, Saint-John Perse, char que tiraient intellectuels et littérateurs dont quelques-uns sont devenus des choses comme ministricules, députaillons et valetailles diverses du nouveau pouvoir. De ce temps, Giscard, lui, sur une frêle brouette, ne transportait que Maupassant, oubliant qu'au Texas-Circus le public avait toujours su faire la différence entre un montreur de caniches et un dresseur d'éléphants. En vérité, à l'égard de la langue française, les barons de la mère Giscard et les barbus de La Mitte, manifestaient le même mépris en la desséchant de tout amour, à cette différence pourtant que les barbus injectaient les hormones lamartiniennes dans le corps soufflé de Jaurès afin que poussent à ses rejetons les mamelles velues du socialisme.

*

Folle prétention ensuite : le socialisme serait « à visage humain ». Aveu terrible : donc il a faciès de monstre mais grâce à maquillages, fards et chirurgies, nous donnerons à Gorgone les traits d'Aphrodite. Vrai qu'il a les yeux rouges, le front bourrelé et bas, que ses lèvres, énormes lippes, sont laquées de sang, qu'il souffle du feu par deux trous en place de nez, que son haleine est fétide, que ses oreilles sont d'un rat et que la peau de ses joues est couverte de squames où grouille le ver, il n'importe : le professeur La Mitte, assisté du docteur belge et des infirmières Cresson, Roudy, Halimi (etc.) couchera la créature immonde sur la table d'opération et lui donnera un visage humain. Celui, par exemple, d'un enseignant à la barbe taillée. À ses pattes, on greffera des mains de prélat. Des dents de porcelaine remplaceront ses crocs d'où gicle le venin meurtrier. Le ciseau chirurgical l'amputera de sa queue de caïman. Mais la voix ? Elle est celle, grondante, d'un suppôt d'enfer et de Goulag. Greffe-t-on des cordes vocales ? Ce chœur de cyclopes chantera-t-il le socialisme avec des voix de patronage ? Et l'estomac ? Ce dragon, habitué à se repaître de chair humaine, le nourrira-t-on de confiture de roses ? Les déchets, enfin, de ses digestions, où les enfouira-t-on ? Quelle usine les retraitera ? Au large de quelle mer seront-ils vidangés ? Tel est le plus grave problème que doit résoudre le socialisme qui n'a accédé au pouvoir que pour déféquer ses mauvais rêves sur les chaises percées de sa puissance.

Pour mon pays, j'ai fait un autre rêve. Je le vois et il n'est rien d'autre qu'une phrase infinie déroulant de siècle en siècle une écharpe semée de lunes, de soleils et d'étoiles. Une chanson d'héroïsme et d'amour. Cette haute vague qui court sur la mer de nos mémoires et jamais ne se brise sur un roc barbu d'algues gluantes. Le couteau fore, de sa pointe, et décape la statue de mots que je remonte des profondeurs. La râpe travaille doucement et polit de nouveau le chef-d'œuvre ; l'outil manié avec la plus extrême tendresse redonne à la déesse les traits vierges de la création. Ah ! cette statue, toute patine morte, il faudra la nettoyer des obscènes agrégats socialistes qui collent à sa peau de bronze. Il faudra la laver de tout ce qui, après son immersion dans le socialisme, l'aura — car elle n'était, en tout son corps, qu'un visage — défigurée.

Mais le pire est peut-être sûr et le socialisme, oui peut-être va saigner la France qu'aucune transfusion ne remettra debout. La saigner ou ravager à jamais ses traits. Dans le lit de nos amours, nous nous réveillerons avec, à nos côtés, un monstre et l'épouvante nous chassera en hurlant de la chambre. Alors, de même que l'adulte se souvient d'un Texas-Circus aujourd'hui disparu — ses tentes envolées, ses lions devenus descentes de lit, ses clowns, dompteurs, jongleurs, trapézistes, écuyers, transformés en gibier perclus d'asiles de vieillards... « Oh ! j'étais la plus belle, moulée dans mon maillot pailleté d'or quand je caracolais sur mon cheval Nestor qui hochait la tête du bonheur de porter mon triomphe autour de la piste... », raconte une aïeule édentée, cassée par l'arthrite, les yeux rouges et larmoyants de cataracte, à sa voisine. Dans le jardin pelé de l'asile qui ne sent pas la bonne odeur des fauves mais l'eau de Javel et où Ajax, le dompteur de panthères, est chargé chaque jour du nettoyage des latrines — de même que l'adulte se souvient d'un Texas-Circus monté au ciel pour s'y inscrire en constellation et, la nuit, il en contemple le spectacle, de même j'aurais souvenir d'une France qui ne sera jamais plus.

Au poète, la besogne sera légère et, puisque d'être imaginaire et tendrement rêvée, elle n'en sera que plus belle, ma France effacée. Après tout, elles sont aussi effacées, la Grèce et la grande Rome. La Grèce « où le ciel sur la terre vivait et respirait dans un peuple de dieux », la Grèce des colonnes soutenant le toit des temples intacts, la Grèce du laurier sur le front des athlètes, la Grèce des guerriers écoutant sous le portique le Sage à la parole de miel. Et la grande Rome, étoile de marbre posée sur le Latium et dont les branches en forme de voies pavées de pierres, s'étendaient jusqu'aux confins d'un monde qui n'avait de limites que celles où les légions fichaient, dans la terre conquise, leurs aigles et frappaient la sentence au fronton des arcs de triomphe. Elles sont vivantes, cette Grèce et cette grande Rome, dans notre mémoire accueillante, et ce n'est pas le réel de ce XXe siècle où elles ont échoué leur débris de marbre qui importe à notre ferveur mais leur vie même que recommence notre rêve. Vivantes parce que mortes et éternelles de cette mort. Divines, les voici. J'écoute alors ma confiance : un jour, comme les statues des deux guerriers de bronze remontées du fond de la mer, au large de Riace, elle resurgira, la France, et de ses yeux farouches contemplera un monde qu'elle ne vaincra qu'avec les armes invincibles de la beauté. Voyez, les guerriers de bronze — ou les dieux, c'est la même race — qui nous regardent, dans leur antre de Reggio. Ils nous disent que la gloire du temps qui les vit naître, dans le feu et sous le ciseau, a vaincu les siècles et la mort. Ils nous disent, avec un calme terrible, qu'ils ignorent jusqu'au mépris l'existence fugace de MM. Mitterrand et Lionel Jospin. Ils nous disent, du socialisme, leur ignorance formidable. Ils nous disent, de tous leurs muscles, de toute leur millénaire patine, que leur barbe annelée jamais ne fut taillée par un coiffeur de Périgueux pour qu'ils vinssent siéger, à Paris, sur les bancs d'un parlement et y brailler l'égalité selon Monsieur La Mitte. Ils nous disent que jamais ils ne votèrent en faveur des nationalisations. Ils nous disent que tout regard socialiste porté sur eux par un enseignant en short et en vacances italiennes leur sera la suprême injure. « Comment nous admirer et, instituteur à la barbe taillée, avoir avec son passeport sa carte de membre du PS en poche ? » Ayant dit, ils éclatèrent de rire et le toit du musée de Reggio s'écroula sur l'enseignant qui profanait les lieux.

Ma France, sous La Mitte et Mauroy ! Et sous le Defferre ! Et sous le Jack (ô misère !) le Jack, disais-je, Lang ! Je n'ai pas d'autre choix : ne plus l'aimer ou la rêver. M'exiler d'elle avec valise et en secouant la poussière de mes chaussures sur sa frontière passée ou m'éloigner de ses jours socialistes à coups de pagaie de rêve pour aborder à l'autre rive où la gloire si longtemps l'amarra. Il en sera ainsi : je choisirai de rêver mon pays. J'aimerai, de fidélité et de passion, son image morte mais ressuscitée par ma tenace volonté de mémoire. Je dresserai son temple-tombeau et sur ses marches prosternerai ma foi en ce qu'il fut et en ce qu'il est au nom d'un témoignage qui n'aura pas de lien avec son quotidien à tête funèbre d'enseignant barbu. J'imaginerai la France. Tu seras, ma belle, ma Laure et ma Béatrice. Tu seras ma Dulcinée et nul ne m'empêchera de chanter que tu possédais un cœur qui pour moi continue de battre et dont j'entends l'écho quand tu t'avances sur tes jambes phlébitiques en faisant ballotter tes mamelles de maritorne, Gervaise transformée en éponge par le vin trafiqué du socialisme. Ô ma mère, cette pitié d'aller te chercher au cabaret où, cynique derrière le comptoir, M. La Mitte, le patron, te verse des verres qui te tuent. « Je vous en prie, arrêtez de saouler ma mère ! » « Mais c'est elle qui en redemande ! » « Mais c'est vous qui l'avez assommée pour que marchent les affaires de votre troquet ! » Des nègres, des Arabes, des Turcs, des Chinois et même des Indiens topinambus ricanent quand je viens chercher maman, l'arrache du comptoir où elle s'accroche et l'entraîne dans la rue. Attablés à la terrasse, des enseignants qui boivent whisky et petit-lait ricanent à l'unisson. « Et si ta maman veut se saouler, disent-ils, et si elle fréquente ce bouge, et si elle trémousse son gros cul plein de vinasse sur les rythmes bantous du juke-box, pourquoi l'en empêcher ? » Ignoré-je que cet estaminet s'appelle « Café La Rose » et que M'sieur La Mitte y sert lui-même le pinard ? Mais je conduirai maman à la maison, je l'allongerai, ronflante, sur sa paillasse et je la regarderai dormir. Ensuite, fermant les yeux, je lui chanterai les romances du temps où elle était en fleur et j'oublierai que ce gros tas de viande troué d'une bouche molle où chaque ronflement fait éclore et crever une bulle de salive est, hélas, la mère de mon aujourd'hui. Je le répète, le ressasse et l'assène : le socialisme aura cela de très bon qu'il m'obligera à m'inventer la France. Contre un geyser de flammes, surgi dans le désert, que pourront-ils, les pompiers du socialisme barbu ? Rien. On n'éteint pas les mots du poème, on ne peut pas écraser sous un talon d'enseignant, la torche de l'imaginé. Et l'un et l'autre s'interrogent : « Quel parti fonder contre celui de l'imbécile rose ? » J'ai le mien, très solitaire, et que nul entrisme perpétré par les barbus ne saurait corrompre : celui de ma France enterrée mais dont je respirerai les fleurs, vivaces, poussées sur son linceul de terre. Et allez donc essayer de faire pousser des barbes sur une tombe ! Vous n'y arriverez jamais. Et allez donc obliger des lys à fleurer le socialisme ! C'est impossible. Pour mon salut et celui de mon pays, j'ai découvert le remède : la beauté des fleurs enchantant une tombe. Et l'entrée du cimetière sera interdite aux enseignants et aux barbus.

*

Ce cauchemar, dieux immortels, qu'éveille le poil socialiste ! J'ai vu, sous la mer, des vaisseaux engloutis, galions et galères, et toujours m'a épouvanté leur ensevelissement poilu d'algues, de lichens et de mousses. Ils ressemblaient à Jaurès noyé dans une baignoire et y pourrissant depuis des siècles. La vision même de ma patrie socialiste fascinée par la terrible pilosité des cadavres dans le silence des grands fonds. D'un coup de talon remonté à la surface, je n'en croyais pas mes yeux de retrouver l'existence du soleil après avoir contemplé Jaurès depuis mille ans échoué sur le sable.

*

Et hier, nous regardions (se déroulait, à l'Élysée, une conférence de presse) sous les lustres réactionnaires du Palais (barbus de mille cristaux mais scintillant de mille lumières), nous regardions La Mitte se livrer à ses incantations. Ne lui manquaient que l'étole, la mitre, l'aube et, au doigt, l'anneau d'améthyste. La barbe, nous dira-t-on ? Eh bien, au fil des longues minutes de la messe qu'il chantait, il n'échappait pas à l'œil agile qu'elle lui poussait, irrésistiblement, et que sa nappe de suie commençait à lui noircir la peau. Encore une heure de trémolos rengorgés et, enfin, jaillissant d'un coup à travers les pores, elle lui serait descendue jusqu'au nombril. Dans le noir de l'iris mitterrandesque, on voyait l'angoisse grandir comme dans celui d'un travesti qui, malgré ses seins gonflés aux silicones, sait que sa peau est taraudée par les milliers de vers poilus qui tôt ou tard — à l'aube cruelle — lui perceront le cuir. La Mitte, elle, désirait apparaître comme « le Président » mais, hélas, la barbe — que nous entendions croître — déprésidentialisait l'homme et le transformait impitoyablement en socialiste. À la fin de sa conférence, il passa la main sur ses joues, poussa un gémissement et s'enfuit vers les coulisses. Un coiffeur l'y attendait à qui ordre fut donné de raser immédiatement le poil dénonciateur. Trop tard, nous l'avions vu percer la croûte des joues qui avaient voulu présenter une surface glabre et gaullienne. « Un de Gaulle socialiste ! » titra un journal. Donc un monstre. Pourquoi pas un Louis XIV communiste ? Ou un serpent à plumes ? Ou un Hitler philosémite ? Ou un nègre blanc ? Ou un peigne pour les chauves ? Nous l'avions écouté parler. La barbe était dans ses propos qu'il taillait au fur et à mesure dans un doux cliquetis de ciseaux. On s'émerveillait de cette habileté de figaro politicien. Quand il se leva, à ses pieds, en tapis, gisait une mousse de mots — les non-dits taillés en virtuose par les ciseaux — qui se tordaient comme une myriade de minuscules vers tronçonnés. Ils eussent voulu crier la vérité du propos taillé par les cruels ciseaux mais jamais on n'entendit des vers parler, fussent-ils poilus. Et La Mitte, à loisir, avait chanté.

À ce propos, une question se pose : que chante un enseignant socialiste à la barbe taillée ? Vers quel horizon pointe-t-il un menton pileux ? Naguère c'était vers les monuments aux morts et, lorsqu'il était provincial et visitait Paris, vers le sommet de la tour Eiffel. Aujourd'hui, tout est changé. La barbe est pointée soit sur le fronton du Palais-Bourbon, soit vers la ligne bleue, non pas des Vosges, mais des vacances à la Grande-Motte ou à Sainte-Maxime. Et quoi chante l'enseignant ? Il fit, au Panthéon, poum-poum sur de la musique de Beethoven. Ce moment, dans nos mémoires, restera comme un chef-d'œuvre d'impudence. Beethoven socialiste ! Mais pourquoi pas Mesdames Halimi en Brunehilde et Cresson en Yseult ? S'avancerait La Mitte, main sur le cœur, nouveau Siegfried, pour pousser le duo du troisième acte et Mauroy, nouveau Tristan, avouerait son amour à Yseult agricole. Voilà qui n'est pas sérieux.

*

Voici qui l'est : chacun, s'il veut sauver son âme du socialisme (et ce sera notre conclusion) doit se souvenir que le fakir du Texas-Circus était un imposteur. Les clous de sa planche, à l'expertise, se révélèrent être — comme tout le monde le sait — des pointes de mèches de sa barbe qu'il avait coupées et durcies avec de la colle et de la résine. Alerte donc ! Chacun doit aussi surveiller ses migraines et se demander si la barbe qu'il rase chaque matin ne lui pousse pas de manière intracervicale dans la tête. Il se méfiera de cette peste qu'est la langue socialiste. Humide et s'infiltrant entre cloison et peinture, boursouflant le français de cloques buboniques, pondant ses œufs entre le cuir du sens et la chair du verbe, emportant sur la houle de ses redondances l'intellect qui, saisi, secoué, ne sait s'il a les écœurements du mal de mer ou les molles rêveries du hamac balancé. Il sera attentif, enfin, à déceler, dans la phrase, les articulations qui l'organisent, les pilotis plantés dans la vase égalitaire sur lesquels elle est bâtie. Exemple : « Notre volonté légitime, à nous socialistes français, est de bâtir une société fraternelle où les aspirations des plus déshérités seront justement satisfaites. » Cette phrase abominable s'appuie sur trois adjectifs luisants mais pourris de vermine : *légitime* : mais d'où vient cette « légitimité » et qu'est-ce qu'une volonté « légitime » ? ; *français* : mais un socialiste n'est pas français. Barbu quand il est enseignant mais pas français ; *satisfaites* : mais comment combler « l'aspiration » d'un bossu qui souhaite avoir le dos plat et d'un instituteur déshérité d'intelligence qui rêve d'être Pic de la Mirandole ? Passons sur *fraternel* qui supposerait que nous sommes tous fils de la mamma socialiste et sur l'adverbe *justement* qui mesure au mètre la satisfaction du « déshérité ». Nous corrigerons ainsi ce pathos : « Notre désir capricieux, à nous poètes luxueux, est de danser dans un monde injuste, où les folies des gens nobles pourront par grâce s'épanouir. » Attention à la barbe verbale du socialisme — taillée par l'acier, peignée par l'étrille de fer — et sachons que, le style étant l'homme, la barbe, nécessairement, pousse aux joues du verbe enseignant.

*

Ah, casse-tête pour La Mitte et Mauroy. Casse-tête et lamentation : « Comment, autour de nous, faire naître le poète ? » Je les en préviens sans plus tarder, c'est impossible. De Saint-Just, Baudelaire déclarait qu'il n'était « estimable que pour avoir écrit quelques belles phrases ». Belles de musique, s'entend. J'ajouterai que ces phrases furent prononcées par un jeune homme — un adolescent presque — qui par l'Histoire eut le col tranché. Vrai qu'il n'est pas d'épopée sans les élans de la jeunesse et de grande saison, dans l'Histoire, qui n'ait eu son printemps glorieux. Mais tel est le sort du socialisme : il a vécu. Au choix : c'est un mort ou un vieillard. Du seul point de vue, évidemment, qui doit nous importer et qui est celui de sa traînée de lumière, dans le ciel de l'Histoire, de son sillage de rêve et de sa musique. Rien qu'un vieillard et qui radote. Rien qu'un astre mort dont la queue éblouissante, depuis longtemps éteinte, s'est transformée en poussière grise. De révolutions en terreurs, de terreurs en désastres, de désastres en massacres, de massacres en prisons, barbelés, camps et cimetières, le socialisme a joué la partition complète de son opéra. Il a « exprimé », comme on le dit d'un citron, tout le jus musical et poétique qui était en lui. Ses utopies, elles ont été chantées sur tous les tons, toutes les clefs, toutes les gammes. Ses hommes, de Saint-Just à Willy Brandt en passant par Lénine, Castro, Sékou-Touré, Olaf Palme et cent autres, ont eu tous les visages. Plus de notes, aujourd'hui, sur son piano. Plus de masques dans ses paniers. Derrière lui, un désert où blanchissent les squelettes de rêves lavés par le soleil et polis par le sable. C'est la fin, pépé. Elle est terminée, La Mitte, la comédie ou la tragédie. Disparue au bout du chemin, la caravane du Texas-Circus et du crottin déjà séché tombé autrefois, en belles bouses, du cul des beaux chevaux. Le socialisme, un vieillard qui marche. Un Mitterrand. Un mort. Un mort qui fait tourner les tables pour invoquer d'autres morts. Oui, la France, prudente, ne s'est pas fourrée dans le lit du socialisme alors qu'il était encore un terrible et vigoureux jeune homme capable de la violer dans une nappe de sang. Point russe, la France. Soucieuse du lin candide de ses draps. Il rugissait depuis des lustres et des lustres, le jeune homme derrière la porte. Il poussait. Il suppliait. Il ébranlait l'huis qui tenait bon. « Ouvre, ma mie ! » hurlait-il. « Que nenni, camarade ! » répondait la sage mijaurée. Alors le jeune homme, lassé, parcourut le monde, sexe brandi comme un glaive, écrasa sous son poids d'autres épousées et viola, plus naïves, d'autres prétendantes. Enfin, il revint en France. Épuisé, chenu, blanchi, égrotant et cagneux. Il s'appuya au chambranle de la porte. D'une voix larmoyante : « Ouvre enfin, ma mie... » Elle obéit. Le jeune homme est ce vieillard auquel elle ouvre ses draps et qui, au lieu de la prendre et de lui arracher les lèvres dans un baiser, met son bonnet de nuit et s'endort en lui racontant l'histoire du bon monsieur Jaurès. Prudente, la France. Elle n'a ouvert sa porte qu'au gâteux impuissant. « Tu vas me faire une révolution, pépé ? » plaisante la mignonne. Il branle le chef : « Je vais te chatouiller, coquine, avec la plume... heu... la plume... eh bien des nationalisations. Je vendrai aussi quelques-uns de tes bijoux. » Elle rit. Le lendemain, les valets du pépé, gilet rayé, barbe taillée, lui apportent le petit déjeuner. « À l'école, maintenant ! s'écrient-ils en chœur. Nous avons été élus députés pour t'apprendre le socialisme. » Alors, elle se mettra en colère et, tôt ou tard, les poings sur les hanches, vulgaire et magnifique, elle crachera : « Moi ? À l'école, bande de profs châtrés ? Celui-là (elle désignera La Mitte, sous les draps) n'a même pas pu me sauter, cette nuit, et vous voulez m'expédier à l'école pour y réciter vos sottises ? Ça va pas, des fois, les barbus, dans vos citrons secs ? Il y a deux mille ans qu'on me baise et vous voulez qu'en bas blancs et col empesé j'aille dans vos écoles apprendre votre alphabet ? »

Oui, me vient cette espérance : il y a de la putain sublime, dans ma France. Il y a un métier immense, dans ses coups de reins. Elle a couché avec des rois qui furent sages ou fous, saints ou damnés, magnifiques ou ladres. Elle s'est envoyée en l'air avec des empereurs. Elle s'est tapé des présidents républicains et du conseil vicieux et syphilitique. Elle a roulé ses fesses en Europe, en Asie et en Afrique. Elle en a vu de tous les lys, de toutes les abeilles et de toutes les couleurs. Alors, quand je la remémore, quand sur l'écran de ma mémoire je revois le fabuleux spectacle de ses amours, quand je me souviens combien elle aime ça et sait le faire, je me dis...

Je me dis, quand je vois un enseignant barbu, à la demande de pépé défaillant, ôter ses caleçons longs et essayer de la grimper en lui ouvrant les cuisses à coups de maigres genoux, quand je vois sa barbe taillée lui gratouiller grotesquement le cou...

Et quand j'entends les mots socialistes qu'à l'oreille pour l'exciter il lui murmure...

Je me dis que demain ne sera pas la veille du jour où, à la belle pure et pute, il arrachera les cris du plaisir et fera un bel enfant.

ACHEVÉ D'IMPRIMER
LE 18 MARS 1982
SUR LES PRESSES DE
L'IMPRIMERIE HÉRISSEY
A ÉVREUX (EURE)

N° d'éditeur : 2063
N° d'imprimeur : 29762
Dépôt légal : mars 1982
Imprimé en France